Mosaik bei
**GOLDMANN**

## BUCH

Wer sich mit dem Gedanken trägt, sich für immer von der Zigarette zu verabschieden, will gerne in seiner guten Absicht bestärkt werden. Allen Carr weiß aus eigener Erfahrung und aus Gesprächen mit zahlreichen Betroffenen, wie wertvoll dieser Schritt für die Gesundheit ist und wo die größten Gefahren für einen Rückfall lauern. Er begleitet seine Leserinnen und Leser mit den richtigen Gedanken und hilft ihnen so, ihren Weg in ein neues, vom Rauch befreites Leben mühelos und locker weiter zu gehen. Eine wunderbare neue Möglichkeit, mit dem Rauchen Schluss zu machen.

## AUTOR

Der britische Bestsellerautor Allen Carr hat mit seinen Büchern weltweit Millionen Menschen von Nikotinsucht, Übergewicht und Flugangst befreit, indem er ihnen zeigte, wie sie mit seiner einzigartigen Methode ganz einfach und wie von selbst ihre Probleme hinter sich lassen. Durch den großen Erfolg seiner Selbsthilfe-Methode erlangte Carr internationales Ansehen. Weltweit gibt es »Carr-Standorte« mit speziell ausgebildeten Trainern.

Von Allen Carr außerdem bei Mosaik bei Goldmann
Endlich Nichtraucher! (13664, 16401)
Endlich Nichtraucher! Mit CD (16381)
Für immer Nichtraucher! (16293)
Endlich Nichtraucher – für Frauen (16542)
Endlich Wunschgewicht! (16117, 16402)
Endlich fliegen ohne Angst! (16288)
Endlich ohne Alkohol! (16503)
Endlich frei von Sorgen! (16740, 16433)
Endlich erfolgreich! (16818, 16432)

Allen Carr

# Allen Carrs Nichtraucher-Tagebuch

365 unterstützende Gedanken

Aus dem Englischen
von Gabriele Zelisko

Die Ratschläge in diesem Buch wurden vom Autor und vom Verlag sorgfältig erwogen und geprüft, dennoch kann eine Garantie nicht übernommen werden. Jegliche Haftung des Autors bzw. des Verlags und seiner Beauftragten für Personen-, Sach- und Vermögensschäden ist ausgeschlossen.

1. Auflage
Deutsche Erstausgabe Dezember 2005
Wilhelm Goldmann Verlag, München,
in der Verlagsgruppe Random House GmbH
© 2005 Allen Carr's Easyway (International) Limited
Originaltitel: Allen Carr Stop Smoking Calendar
Originalverlag: Arcturus Publishing Limited, London
Umschlaggestaltung: Design Team München
Redaktion: Ulrike Erbertseder
Layout/Satz: Thomas Dreher, München
Druck und Bindung: Westermann Druck Zwickau GmbH
WR · Herstellung: Han
Printed in Germany
ISBN 10: 3-442-16682-9
ISBN 13: 978-3-442-16682-4

www.goldmann-verlag.de

# VORWORT

Warum fällt es den meisten Rauchern so schwer, endlich von ihrer Sucht loszukommen? Weil sie glauben, dass dies nur durch eine enorme, schier unüberwindbare Willenskraft möglich sei, die Voraussetzung dafür ist, dem Verlangen nach einer Zigarette widerstehen zu können.

Kommt es da nicht einem Wunder gleich, wenn man diesen Kampf nicht austragen muss und trotzdem auf einfache Weise Erfolg hat? Es gibt tatsächlich eine Methode, mit der jeder Raucher sofort und auf Dauer aufhören kann – ohne Einsatz von Willenskraft, ohne Entzugserscheinungen, ohne Ersatzstoffe und ohne Gewichtszunahme. Diese Methode heißt nicht von ungefähr Easyway. Ich weiß, dass Sie das nicht so einfach glauben werden, aber es ist wahr. Ich beweise es seit über zwanzig Jahren: nicht nur in meinen Büchern, sondern auch in meinem weltweiten Netz an Standorten, an denen Nichtraucherkurse durchgeführt werden.

Mein Name ist Allen Carr, und ich gelte als der international führende Experte, wenn es darum geht, Rauchern beim Aufhören zu helfen. Ich kann auch Ihnen helfen, indem ich Ihnen zeige, dass Ihre Vorstellungen und Meinungen über das Rauchen auf Fehlinformationen und Illusionen basieren und Sie für

# Vorwort

immer frei sein werden, sobald Sie diese durchschaut haben. Sie können dieses Buch so nutzen, wie Sie es selbst für richtig halten. Dem einen wird der Tagebuchcharakter entgegenkommen, während andere es vielleicht besser finden, alles möglichst zügig durchzulesen, ohne sich Notizen zu machen. Den Termin, an dem Sie anfangen, legen ganz allein Sie fest. Und Sie selbst entscheiden, wann Sie die letzte Zigarette rauchen. Dieses Buch wird ein ganzes Jahr lang ein motivierender Wegbegleiter für Sie sein und Sie in die Lage versetzen, es endlich zu tun – einfach, schmerzlos und für immer mit dem Rauchen aufzuhören. Erlauben Sie also, dass ich Sie begleite, wenn Sie auf genussvolle Art mit dem Rauchen aufhören und das werden, was jeder Raucher gerne sein möchte – ein glücklicher Nichtraucher.

DATUM:                                  MEIN  **1.**  TAG

Dies ist der Beginn einer wunderbaren Entscheidung: Sie haben den festen Vorsatz gefasst, der Zigarette endlich ade zu sagen. Machen Sie diesen Tag zum Beginn eines aufregenden Abenteuers, zu dem Tag, an dem Sie sich darauf vorbereiten, einfach, sofort und auf Dauer mit dem Rauchen aufzuhören. Aber versuchen Sie bitte nicht, ganz aufzuhören oder weniger zu rauchen, ehe ich Ihnen dazu rate.

ICH VERZICHTE AUF NICHTS!

MEIN **2.** TAG    DATUM:

Stellen Sie sich vor, Sie wachen eines Morgens auf und denken: »Auch wenn es ein schwieriges Unterfangen ist, werde ich versuchen, morgen auf den Mount Everest zu steigen.« Selbst der größte Narr auf Erden weiß, dass dies ohne monatelange fundierte Vorbereitung nicht zu schaffen ist. Einem Raucher kann es leicht fallen, ja sogar Spaß machen, sofort und für immer aufzuhören. Doch ohne die richtige Vorbereitung käme sein Vorhaben der Besteigung des Everest gleich.

⌐

**ICH KANN NUR GEWINNEN!**

DATUM:  MEIN **3.** TAG

Sie können ein Leben lang vergebens versuchen, einen Safe zu knacken. Nur wenn Sie die richtige Zahlenkombination kennen, ist es ein Leichtes, ihn zu öffnen. Die Nikotinfalle ist das raffinierteste und genialste Täuschungsmanöver, das Mutter Natur und die Menschheit jemals ausgeheckt haben. Dieses kleine Büchlein ist der Schlüssel – die richtige Zahlenkombination, die Sie aus der Falle holt. **Sie müssen lediglich ein paar einfache Anweisungen befolgen.**

ICH VERZICHTE AUF NICHTS!

## MEIN 4. TAG  DATUM:

Die meisten Raucher fühlen sich wie ein Lamm, das zur Schlachtbank geführt wird, wenn Sie den Versuch starten, mit dem Rauchen aufzuhören. **Die erste Anweisung lautet, jede Endzeitstimmung über Bord zu werfen.** Mit dem Rauchen aufzuhören ist vermutlich die vernünftigste Entscheidung, die Sie in Ihrem Leben treffen können. Sie werden dabei nur gewinnen, auf keinen Fall verlieren. Sehen Sie die Situation also ganz entspannt und genießen Sie jede Phase Ihres Entkommens aus der Nikotinfalle. Die wunderbare Wahrheit lautet: Ich kann Ihnen nur Gutes verheißen.

ICH SCHAFFE DAS!

DATUM:  MEIN **5.** TAG

Haben Sie immer noch Angst vor dem Aufhören? Keine Sorge, das ist ganz normal. Bei allen Rauchern findet im Kopf ein ständiges Tauziehen statt. Auf der bösen Seite zieht die Angst – die Erkenntnis, dass Rauchen die Gesundheit und den Geldbeutel ruiniert. So betrachtet wünscht sich jeder Raucher, er hätte nie angefangen. Auf der guten Seite zieht der Wohlfühlgedanke – die Zigarette ist Genuss, Freund, Stütze. Von dieser Warte aus gesehen möchte jeder Raucher auch in Zukunft weiterrauchen.

### MEINE GEDANKEN FÜR HEUTE:

_____

_____

_____

_____

_____

### ICH BIN AUF DEM RICHTIGEN WEG!

# Mein 6. Tag    Datum:

Aber auch auf der guten Seite gibt es den Angstfaktor – die Angst, ohne Zigarette könnte man beim Ausgehen keinen Spaß haben, sich nicht konzentrieren oder nicht mit Stress fertig werden. Wenn Sie schon einmal mit reiner Willenskraft versucht haben, mit dem Rauchen aufzuhören, wissen Sie, wie schlimm diese Erfahrung sein kann. Ich weiß, es ist schwer, sich ein Leben ohne Zigaretten vorzustellen, aber ich verspreche Ihnen: Mit meiner Methode werden Sie sich schon in kurzer Zeit fragen, warum Sie jemals das Bedürfnis nach einer Zigarette hatten, und Sie werden die anderen Raucher nicht mehr beneiden, sondern nur noch bemitleiden. Freuen Sie sich also, denn Sie sind im Begriff, etwas Wunderbares zu vollbringen.

## Ich kann nur gewinnen!

DATUM:  MEIN 7. TAG

Man braucht nicht viel Grips, um zu erkennen, dass Rauchen ein schmuddeliger, abstoßender und ausgesprochen unsozialer Zeitvertreib ist, mit dem Sie sowohl Ihrer Gesundheit als auch Ihrem Geldbeutel großen Schaden zufügen. Falls Sie aber von mir erwarten, dass ich Ihnen einen Vortrag halte, wie dumm Sie sind, wenn Sie immer noch rauchen, muss ich Sie enttäuschen.

ICH SCHAFFE DAS!

## MEIN 8. TAG    DATUM:

Ich weiß, dass so genannte Experten und auch die Familie ständig darauf hinweisen, wie schädlich und dumm das Rauchen ist. Ich weiß auch, dass Sie wahrscheinlich genau aus diesen Gründen damit aufhören möchten. Doch weder den Fachleuten noch uns selbst kommt es in den Sinn, dass wir nicht aus den Gründen rauchen, aus denen wir es eigentlich bleiben lassen sollten. Wenn Sie aufhören möchten, müssen Sie die Gründe ausschalten, aus denen Sie die Zigaretten brauchen.

### MEINE GEDANKEN FÜR HEUTE:

_____

_____

_____

_____

_____

### ICH BIN AUF DEM RICHTIGEN WEG!

DATUM:  MEIN **9.** TAG

Vielleicht glauben Sie, die Gründe zu kennen: Rauchen wirkt entspannend, beruhigt die Nerven und beseitigt Stress, es fördert die Konzentration und vertreibt Langeweile. Oder Sie mögen den Geschmack und den Geruch von Zigaretten. Oder aber Sie sind schon so tief gesunken wie ich damals. Mir fiel kein einziger Vorteil ein, aber ich glaubte, ich sei Raucher, weil ich entweder eine Neigung zu Suchtverhalten besitze oder das Rauchen eine Gewohnheit sei, die ich einfach nicht ablegen könne.

ICH VERZICHTE AUF NICHTS!

MEIN 10. TAG    DATUM:

Heute habe ich eine gute Nachricht für Sie: Rauchen ist weder für Sie noch für irgendeinen anderen Raucher Genuss oder Stütze. Tatsache ist, dass es die Entspannung und Konzentration beeinträchtigt und Langeweile, Stress und die Neigung, »die Nerven zu verlieren«, sogar noch verstärkt.

ICH KANN NUR GEWINNEN!

DATUM:  MEIN 11. TAG

»Damit haben meine Hände etwas zu tun!«, sagen viele Raucher. Manche Menschen trommeln mit den Fingern auf der Tischplatte, wenn sie nervös, aufgewühlt, ängstlich, gestresst oder gelangweilt sind. Ein Raucher muss anscheinend eine Zigarette in der Hand halten. Aber es bleibt nicht dabei, dass er sie lediglich eine Weile hält und dann wieder in die Packung zurücksteckt. Wenn das so wäre, wären Sie zum jetzigen Zeitpunkt immer noch bei Ihrer zweiten Zigarette.

## MEINE GEDANKEN FÜR HEUTE:

___

___

___

___

___

___

ICH BIN AUF DEM RICHTIGEN WEG!

# MEIN 12. TAG    DATUM:

Wenn es wahr wäre, dass Sie nur eine Beschäftigung für Ihre Hände brauchen, hätten Sie sich diese Zigarette nicht angesteckt. Und Sie hätten sich niemals reizbar oder unruhig gefühlt, wenn Ihr Bedürfnis im Grunde darin bestanden hätte, einfach nur eine Zigarette anzufassen. Denn dann hätten Sie genauso gut – und billiger – ein Stöckchen oder einen Stift zwischen den Fingern drehen können.

**ICH SCHAFFE DAS!**

DATUM:                                    MEIN  **13.**  TAG

»Es ist etwas, was ich in den Mund stecken kann!« Etwas, worauf man herumkauen kann, wie auf einem Schnuller? Etwas, was Ihnen ein Gefühl von Sicherheit gibt, wie das Daumenlutschen bei Kindern? Kein Mensch steckt sich eine nicht angezündete Zigarette in den Mund, um lediglich seine Nerven zu beruhigen, sich zu entspannen oder eine bestimmte Situation zu genießen. Sie und ich wissen, dass es dazu geeignetere Methoden gibt. Wir besitzen die Fähigkeit, mit den meisten Problemen gut fertig zu werden, allerdings vergessen wir zeitweise, wie das genau geht. Keine Sorge, es fällt uns schon wieder ein.

## MEINE GEDANKEN FÜR HEUTE:

_____

_____

_____

_____

_____

## ICH BIN AUF DEM RICHTIGEN WEG!

MEIN 14. TAG   DATUM:

Die zweite Anweisung lautet: **Machen Sie sich frei im Kopf.** Haben Sie schon einmal mit Leuten zu tun gehabt, die sich äußeren Einflüssen gegenüber verschließen wie eine riesige Auster? Natürlich haben Sie das. Sie und mich ausgenommen, setzt sich die gesamte menschliche Rasse aus solchen Leuten zusammen! Ich lege aber auch die Hand dafür ins Feuer, dass Sie noch nie jemanden getroffen haben, der das zugeben würde. Die Anweisung, sich im Kopf freizumachen, ist eine simple Angelegenheit. Sie zu befolgen, ist etwas anderes. Aber Ihr Erfolg hängt davon ab, ob Sie es tun.

**ICH VERZICHTE AUF NICHTS!**

DATUM:  MEIN 15. TAG

Meine Behauptungen hören sich vielleicht etwas übertrieben an. Aber bevor Sie sie als nichtig abtun, sollten wir uns die Gegenbehauptungen ansehen – zum Beispiel, in welcher Weise Ihnen Zigaretten angeblich helfen. Entspannung und Stress sind etwas völlig Gegensätzliches. Ebenso wie Langeweile und Konzentration. Angenommen, ich würde Ihnen eine Wunderpille verkaufen, die genau das Gegenteil einer völlig identischen Pille bewirkt, die Sie eine Stunde zuvor eingenommen haben – wären Sie so dumm, diese zu kaufen?

> »IMMER WIEDER DASSELBE ZU TUN
> UND DABEI UNTERSCHIEDLICHE ERGEBNISSE
> ZU ERWARTEN, IST SCHWACHSINN.«
>
> (Albert Einstein)

MEIN 16. TAG     DATUM:

Kein Wunder, dass Raucher vor dem Aufhören zurückschrecken und es als schwierig empfinden! Oder dass wir die Zigarette für unseren kleinen Genuss, unseren Freund und unsere Stütze halten, die in den entscheidenden Phasen unseres Lebens für uns da ist – wenn wir uns entspannen, konzentrieren wollen, nervös, gelangweilt oder gestresst sind. Gibt es überhaupt andere Phasen, ausgenommen wenn wir schlafen oder essen? Viele Raucher müssen sogar noch während des Essens rauchen.

ICH SCHAFFE DAS!

DATUM: MEIN 17. TAG

Unsere Gesellschaft unterzieht uns einer Gehirnwäsche, die uns glauben machen will, Zigaretten seien eine Art Wunderpillen, die auch noch gut riechen und schmecken. Wir brauchen nicht einmal einen Löffel Zucker, um die Medizin zu schlucken. Schmeckt gut! Aber was hat das überhaupt mit Schmecken zu tun? Schließlich essen wir ja die Zigaretten nicht, und wenn wir es täten, würden wir davon krank! Tatsache ist, dass wir uns beim Rauchen an die Zusätze gewöhnen, die Zigaretten beigemengt werden. Nikotin in seiner ursprünglichen Form ist herb und beißend. Die Tabakkonzerne verfälschen seinen ursprünglichen Geschmack, indem sie »Aromen« wie Schokolade, Vanille, Honig, Melasse und natürlich Menthol zusetzen. Jedes Land kommt mit eigenen Spezialmischungen den Geschmacksgewohnheiten seiner Bewohner entgegen, in Frankreich sind es zum Beispiel die beliebten *Gitanes*.

**ICH KANN NUR GEWINNEN!**

## Mein 18. Tag      Datum:

Zum Glück erinnert sich jeder Raucher an das erste Paffen und weiß noch genau, wie abscheulich die ersten Zigaretten geschmeckt haben. Wie sehr er sich beim Inhalieren zusammenreißen musste, dass ihm dabei nicht übel wurde oder dass er keinen Hustenanfall bekam. Haben wir uns wirklich so sehr abgemüht, nur um an dem Geschmack Gefallen zu finden? Wenn Sie das glauben, dann stecken Sie sich jetzt sofort eine Zigarette an. Ziehen Sie ganz bewusst und intensiv sechsmal hintereinander, und konzentrieren Sie sich auf den Geschmack. Fragen Sie sich was so genussvoll daran sein soll, ein Leben lang ekelhaften, krebserregenden Rauch in die Lunge einzuatmen und für dieses Privileg auch noch eine immense Summe Geld auszugeben.

**Ich schaffe das!**

DATUM:                        MEIN  19.  TAG

Sie könnten sagen: »Ich genieße es, den Rauch zu inhalieren und einen gewissen ‚Kick' zu verspüren.« Der menschliche Körper ist aber nicht dafür vorgesehen, Rauch zu inhalieren. Wenn Sie Gartenabfälle verbrennen oder draußen grillen, beugen Sie sich auch nicht über den Rauch, um in den »Genuss« des Inhalierens zu kommen. Wir müssen würgen, wenn wir Rauch einatmen. Woher kommt dann also dieses Gefühl von Genuss? Wir haben es den Herstellern zu verdanken. Den Zigaretten werden entscheidende Zusätze beigefügt, die Erstickungsanfällen entgegenwirken: Glycerin und Äthylalkohol. Während des Verglühungsvorgangs spalten sie sich in winzige Dampfpartikelchen auf, die sich beim Inhalieren an die Halswand anlegen. Der Alkohol wirkt als leichtes Anästhetikum und das Glycerin verhindert ein Austrocknen des Halses.

ICH KANN NUR GEWINNEN!

MEIN 20. TAG    DATUM:

Sie behaupten, dass Tabakrauch manchmal gut riecht? Das will ich nicht abstreiten. Aber Sie empfinden das nur so, wenn Sie ein großes Verlangen nach einer Zigarette haben, nicht jedoch, wenn Sie gerade eine Zigarette rauchen. Ich liebe den Geruch von Rosen, aber ich habe noch nie daran gedacht, die Blätter zu trocknen, in Papier zu wickeln, anzuzünden und den Rauch zu inhalieren.

## MEINE GEDANKEN FÜR HEUTE:

---

---

---

---

---

---

---

## ICH BIN AUF DEM RICHTIGEN WEG!

DATUM:   MEIN **21.** TAG

Jedes Argument auf der Pro-Seite verkehrt sich in Wirklichkeit in das exakte Gegenteil. Aber auch alle Argumente auf der Contra-Seite entsprechen der Realität! Stellen Sie sich vor, jedes dieser irreführenden Argumente ist eine Stelle in der Zahlenkombination, die Sie brauchen, um das Schloss zu öffnen und aus der Nikotinfalle zu entkommen. Es gibt mehr als 20 dieser falschen Annahmen. Kein Wunder also, dass Raucher es für schwierig, wenn nicht sogar für unmöglich halten, vom blauen Dunst loszukommen. Wir werden diese Mythen auseinander nehmen. **Doch zuerst müssen wir uns mit der letzten Anweisung beschäftigen.**

ICH VERZICHTE AUF NICHTS!

# MEIN 22. TAG    DATUM:

Unsere Kursteilnehmer schätzen an meiner Nichtraucher-Methode ganz besonders, dass sie während des ganzen Prozesses erst einmal weiterrauchen dürfen. Wenn Sie es mit Willenskraft versuchen – also praktisch mit jeder anderen Methode –, hören Sie als Erstes auf und hoffen dann, dass das Verlangen nach Zigaretten irgendwann einmal nachlassen wird. Aber wie sollen Sie die Wahrheit über das Rauchen herausfinden, wenn Sie nicht mehr rauchen?

## ICH KANN NUR GEWINNEN!

DATUM:  MEIN **23.** TAG

Sie glauben, Rauchen biete Ihnen echten Genuss und/oder Hilfestellung! Warum sollten Sie anders darüber denken, nachdem Sie aufgehört haben? **Im Prinzip habe ich Ihnen die letzte Anweisung bereits erteilt: Ich habe Sie aufgefordert, weiterzurauchen, bis ich Ihnen etwas anderes sage.** Die meisten Raucher geben unumwunden zu, lediglich zwei der 20 Zigaretten zu genießen, die sie jeden Tag rauchen. Das wirft die Frage auf, warum wir die restlichen 18 Zigaretten rauchen, wenn wir sie nicht genießen. Da es für diesen Widerspruch keine logische Erklärung gibt, finden wir dafür eine Ausrede: Es ist einfach Gewohnheit.

ICH VERZICHTE AUF NICHTS!

# MEIN 24. TAG    DATUM:

Tatsächlich ist es so, dass wir die meisten Zigaretten unbewusst rauchen und deshalb keine einzige genießen. Vor ein paar Tagen habe ich Sie gebeten, ganz bewusst sechsmal hintereinander intensiv an einer Zigarette zu ziehen und sich auf den Geschmack zu konzentrieren. Würden wir jede Zigarette bewusst rauchen, würde es uns zum einen kein Vergnügen bereiten, ekelhaften Rauch in unsere Lungen einzusaugen. Zum anderen würden wir realisieren, dass wir ein Vermögen dafür ausgeben und dass es gerade diese Zigarette sein könnte, die den Lungenkrebs auslöst. Wäre das der Fall, würden wir uns niemals diese Zigarette anstecken, ganz zu schweigen von der Illusion, dass wir sie genießen! So verschließen wir uns also vor der Realität.

⌐

**ICH SCHAFFE DAS!**

DATUM:  MEIN **25.** TAG

Sind wir uns nicht darüber einig, dass bestimmte Zigaretten besser schmecken als andere – zum Beispiel die nach dem Essen? Irrtum! Das ist nur Teil der Gehirnwäsche! Wie sollten sich identische Zigaretten, die aus ein und derselben Packung stammen, im Geschmack unterscheiden? Sie brauchen diese Vorbereitungsphase, um hinter die Wahrheit zu kommen. **Rauchen Sie einmal ganz bewusst die Zigarette bei einer Gelegenheit, bei der Sie glauben, sie schmecke ganz besonders gut.** Ich werde Ihnen zum richtigen Zeitpunkt erklären, warum bestimmte Zigaretten scheinbar besser schmecken oder mehr Genuss bieten als andere.

ICH VERZICHTE AUF NICHTS!

# MEIN 26. TAG    DATUM:

Sie brauchen diese Vorbereitungsphase nicht nur, um die Wahrheit über Ihr eigenes Rauchverhalten zu erkennen, sondern auch, um hinter die Fassade anderer Raucher zu blicken. Womit lassen wir uns einfangen? Eine Antwort darauf geben all die anderen Raucher. Reden wir uns nicht ein, sie würden es nicht tun, wenn es ihnen nicht wirklich Genuss bereiten würde? Was uns in die Falle lockt, ist die Tatsache, dass die erste Zigarette scheußlich schmeckt. Alle Ängste, wir könnten ein Vermögen ausgeben und bis ans Ende unseres Lebens Sklave des Nikotins sein, werden dadurch schnell zerstreut. Wie kann man nur von diesen ekelhaften Dingern abhängig werden? Also halten wir durch und kaufen uns, ohne dass es uns richtig bewusst wird, auf einmal eigene Zigaretten und geraten in Panik, wenn sie zu Ende gehen!

**ICH KANN NUR GEWINNEN!**

DATUM:  MEIN **27.** TAG

Seltsamerweise glaubt unsere Gesellschaft – und auch der Raucher selbst –, man raucht deshalb, weil man sich dafür entschieden hat. Das ist die erste große Illusion, die wir aufklären werden. Es fällt nicht schwer zu verstehen, wie dieser Mythos entstand: Da niemand außer wir selbst uns zwingt zu rauchen, liegt es doch auf der Hand, dass wir uns auch selbst dafür entschieden haben, oder?

**MEINE GEDANKEN FÜR HEUTE:**

---
---
---
---
---
---

**ICH BIN AUF DEM RICHTIGEN WEG!**

MEIN 28. TAG     DATUM:

Wann haben Sie sich entschieden, Raucher zu werden? Nein, ich meine nicht, wann Sie zum ersten Mal eine Zigarette probiert haben. Ich meine exakt: Wann haben Sie die Entscheidung getroffen, sich Zigaretten zu kaufen? Nicht nur aus Geselligkeit zu rauchen, sondern auch bei anderen Gelegenheiten. Wann ging es los, dass Sie sich verunsichert fühlten, wenn Sie nicht eine Packung bei sich hatten? Wann haben Sie entschieden, ohne Zigarette ein Essen nicht genießen oder nicht telefonieren zu können? Wenn Sie im Kopf schon frei sind, werden Sie feststellen, dass Sie niemals solche Entscheidungen getroffen haben.

**ICH VERZICHTE AUF NICHTS!**

Vielleicht tröstet es Sie zu wissen, dass kein Raucher, ob schon tot oder noch am Leben, sich bewusst entschieden hat, ein Raucher zu werden. Es ist die Annahme, etwas zu versäumen, die uns in die Falle lockt. Und selbst wenn wir merken, dass wir betrogen wurden und es schaffen, aus der Falle zu entkommen, sind es nur die anderen Raucher, die uns glauben machen, auf etwas verzichten zu müssen. Machen Sie sich ein für allemal klar, dass sich jeder Raucher auf diesem Planeten wünscht, Nichtraucher zu sein. Es mag Ihnen schwer fallen, dies zu glauben, aber sehen Sie sich die Fakten an ...

**ICH SCHAFFE DAS!**

# MEIN 30. TAG          DATUM:

Wir konnten das Leben genießen und kamen sehr gut zurecht, bevor wir angefangen haben zu rauchen. Ein Durchschnittsraucher mit einem Konsum von 20 Zigaretten pro Tag gibt im Laufe seines Lebens 75.000 Euro dafür aus, das Risiko einer möglichen tödlichen Krankheit zu erhöhen. Unser halbes Raucherleben lang wünschen wir uns unbewusst, nicht rauchen zu müssen. Das andere halbe Raucherleben lang fühlen wir uns schlecht, weil die Gesellschaft uns nicht erlaubt, in gewissen Situationen zu rauchen. Was ist das nur für ein Hobby? Wenn wir ihm nachgehen dürfen, wünschen wir uns, es nicht tun zu müssen, und wenn es uns verwehrt wird, erscheint es uns als etwas Kostbares. Kein Idiot würde sich aus freien Stücken einer solchen Situation aussetzen!

## ICH KANN NUR GEWINNEN!

DATUM:                              MEIN  **31.**  TAG

Falls Sie immer noch nicht überzeugt sind: Raucher können stundenlang von den großen Vorzügen des Rauchens schwärmen, aber es gibt in unserer westlichen Gesellschaft nicht einen Vater, nicht eine Mutter, die ihre Kinder oder Enkel nicht mit aller Kraft davon abzuhalten versuchen. Ist das nicht Beweis genug, dass diese sich wünschen, selbst nicht in die Falle geraten zu sein?

## MEINE GEDANKEN FÜR HEUTE:

---

---

---

---

---

---

## ICH BIN AUF DEM RICHTIGEN WEG!

MEIN **32.** TAG    DATUM:

Heute ist es an der Zeit, folgende Lektionen der vergangenen Tage zusammenzufassen:

- Es ist überhaupt kein Vergnügen, krebserregenden Rauch zu inhalieren.
- Weder Sie noch irgendein anderer Raucher hat sich bewusst entschieden, Raucher zu werden. Sie sind in eine geniale Falle geraten und wissen nicht, wie Sie sich daraus befreien sollen.

**ICH VERZICHTE AUF NICHTS!**

DATUM: MEIN 33. TAG

Wenn Sie immer noch nicht überzeugt sind, dass Menschen nicht aufgrund einer bewussten Entscheidung rauchen, sondern weil sie Opfer eines Täuschungsmanövers geworden sind, denken Sie einmal über Folgendes nach: Die meisten Raucher beschließen mindestens einmal im Leben, aufzuhören. Das ist eine bewusste und vernünftige Entscheidung. Sie möchten den Rest ihres Lebens lieber als Nichtraucher und nicht als Raucher verbringen. Wenn sie irgendwann wieder rauchen, dann nicht, weil sie sich dazu entschlossen haben, sondern weil sie es nicht geschafft haben, sich aus der Falle zu befreien.

ICH KANN NUR GEWINNEN!

MEIN **34.** TAG      DATUM:

Sie können einwenden, manche Raucher haben nie versucht, aufzuhören, sie rauchen also ganz eindeutig deshalb, weil sie es so wollen. Sollten Sie zu dieser Gruppe von Rauchern gehören, wissen Sie sehr wohl, dass Sie nicht rauchen, weil Sie unbedingt möchten, sondern weil Sie Angst vor einem Leben ohne Nikotin haben.

### MEINE GEDANKEN FÜR HEUTE:

_____

_____

_____

_____

_____

_____

_____

### ICH BIN AUF DEM RICHTIGEN WEG!

Es hat also kein einziger Raucher beschlossen, Raucher zu werden. Und die Angst, ohne Nikotin auskommen zu müssen, ist so groß, dass uns jede Ausrede recht ist, weiterzurauchen. Wir nehmen scheinbar nicht wahr, welche Sklaverei es bedeutet, Raucher zu sein. Es gehört zu den genialen Mechanismen der Raucherfalle, dass man jahrelang gefangen ist, ohne es zu bemerken. Wenn Sie es erkennen und sich daraus befreien möchten, dann bitte nicht heute – immer erst morgen.

**ICH SCHAFFE DAS!**

MEIN 36. TAG        DATUM:

Die Gesellschaft betrachtet Raucher gerne als – irgendwie – dumme Menschen. Paradoxerweise betrachten sich intelligente Raucher selbst ebenfalls als dumm. Doch wenn Raucher dumme Menschen sind, heißt das auch, dass 90 Prozent der männlichen Bevölkerung in der westlichen Gesellschaft zu irgendeinem Zeitpunkt einmal dumm war. Dazu gehören Männer wie Einstein, Freud und Winston Churchill.

**ICH KANN NUR GEWINNEN!**

DATUM:  MEIN **37.** TAG

Raucher, die Rauchen als dumm betrachten, verstehen nicht, warum sie immer noch weiterrauchen, und glauben, wie ich früher, es liege entweder daran, dass sie zu Suchtverhalten neigen, etwas mit ihren Genen nicht stimmt oder Rauchen eine Gewohnheit ist und Gewohnheiten nur schwer abzulegen sind. Das sind jedoch keine Argumente, die für das Rauchen sprechen, sondern Ausreden, warum man es nicht schafft, aufzuhören.

## MEINE GEDANKEN FÜR HEUTE:

___

___

___

___

___

## ICH BIN AUF DEM RICHTIGEN WEG!

## Mein 38. Tag    Datum:

Eine Neigung zur Sucht gibt es nicht. Wenn ich ein geselliger Mensch bin, heißt das, ich gehe gerne unter Leute. Wenn ich ein zu Sucht neigender Mensch bin, heißt das, ich werde gerne abhängig, und zwar nicht nur von Nikotin, sondern auch von Heroin und anderen zur Sucht führenden Drogen. Aber nicht einmal starke Raucher neigen dazu, andere Drogen auszuprobieren. Es ist das Nikotin, das die Abhängigkeit hervorruft, nicht ihre Persönlichkeitsstruktur.

**ICH VERZICHTE AUF NICHTS!**

DATUM:                    MEIN  39.  TAG

Das Argument, es liege an den Genen, ist schwerer zu widerlegen. Im 20. Jahrhundert stand die Suche nach Tabletten zur Lösung eines Problems im Vordergrund. Heute schiebt man die Schuld auf die Gene. Als ob die unglaubliche Intelligenz, die den menschlichen Körper Milliarden Mal ausgeklügelter erschaffen hat als es irgendeine vom Menschen erfundene Maschine ist, einen Fehler gemacht hätte. Das wäre, als würden Sie Ihre Armbanduhr aus großer Höhe auf den Boden fallen lassen und dem Hersteller die Schuld geben, wenn sie danach nicht mehr funktioniert.

ICH KANN NUR GEWINNEN!

## MEIN 40. TAG    DATUM:

Funktioniert ein von Menschen hergestelltes Produkt nicht, finden wir den Fehler und beheben ihn. Geht es jedoch um den menschlichen Körper, packen wir das Problem nicht an der Wurzel, obwohl wir die Ursache – wie Rauchen oder Übergewicht – kennen. Wir versuchen es mit Medikamenten oder schieben die Schuld auf unsere Gene. Genauso gut könnte man eine Sicherung durch einen dicken Nagel ersetzen und sich einreden, man habe ein Problem mit der Elektrik gelöst.

## MEINE GEDANKEN FÜR HEUTE:

---

---

---

---

---

## ICH BIN AUF DEM RICHTIGEN WEG!

DATUM:  MEIN **41.** TAG

Haben Sie die Nikotinfalle erkannt und sich aus ihr befreit, so werden Sie feststellen, dass Sie nicht deshalb geraucht haben, weil Sie eine Neigung zu Suchtverhalten besitzen, selbstmörderische Tendenzen aufweisen oder mit Ihren Genen etwas nicht stimmt. Sie werden erkennen, dass Sie lediglich einer der Millionen Menschen sind, die in diese geniale Falle getappt sind und nicht wussten, wie sie sich daraus befreien sollen. Das ist keine Frage von positivem Denken, sondern von Wissen und Verstehen. Sie werden keine Schlacht gewinnen, wenn Sie nicht gut darauf vorbereitet sind und die Schwächen des Feindes nicht kennen.

ICH SCHAFFE DAS!

MEIN 42. TAG    DATUM:

Bis jetzt habe ich Ihnen noch nicht bewiesen, dass das Rauchen keinerlei Vorteile bringt. Wenn Sie sich aber im Kopf freigemacht und sowohl Ihr eigenes Rauchverhalten als auch das anderer Raucher beobachten haben, konnten sie bereits feststellen, dass die in der Gesellschaft immer wieder zitierten Fakten über das Rauchen stark verzerrt sind. Warum eigentlich sind wir so sehr davon überzeugt, dass die Zigarette das Wundermittel ist, das in jeder Situation hilft?

**ICH VERZICHTE AUF NICHTS!**

DATUM:  MEIN **43.** TAG

Haben Sie sich schon einmal gefragt, warum sich die Wahrnehmung eines Menschen so verzerren kann, dass er wirklich glaubt, sich eine Nadel in die Vene zu stoßen sei ein Spaß? Auf Heroinabhängige trifft das zu! Warum meinen Sie, tun sie das? Die Gesellschaft machte mich glauben, sie täten es, um sich wunderbare Träume zu verschaffen.

## MEINE GEDANKEN FÜR HEUTE:

---
---
---
---
---
---
---

## ICH BIN AUF DEM RICHTIGEN WEG!

# MEIN 44. TAG    DATUM:

Machen Sie sich, wenn Sie abends zu Bett gehen, große Sorgen, Sie könnten keine wunderschönen Träume haben? Oder geht es Ihnen wie mir und Sie hoffen, nicht von Alpträumen geplagt zu werden und einfach nur gut zu schlafen? Glauben Sie tatsächlich, jemand könnte so dumm sein und das Elend der Heroinabhängigkeit auf sich nehmen, nur um besondere Träume zu haben?

**ICH KANN NUR GEWINNEN!**

DATUM:                                    MEIN  **45.**  TAG

Nun stellen Sie sich einen Heroinabhängigen vor, der kein Heroin hat – dieses Elend, diese Panik. Versuchen Sie, sich die Erleichterung auszumalen, wenn er sich endlich einen Schuss setzen kann. Wer nicht abhängig ist, kennt dieses Panikgefühl nicht. Kein Schuss Heroin vermag dieses Gefühl abzuschwächen, sondern ist dessen Auslöser!

## MEINE GEDANKEN FÜR HEUTE:

---

---

---

---

---

---

---

## ICH BIN AUF DEM RICHTIGEN WEG!

## MEIN 46. TAG   DATUM:

Nichtraucher müssen nicht nachts eine Tankstelle finden, wenn die Zigaretten zu Ende gehen. Bevor Sie in die Nikotinfalle getappt sind, mussten Sie das auch nicht. Nichtraucher sehen Raucher genauso, wie Sie einen Heroinabhängigen oder einen Alkoholiker sehen – als jemanden, dessen Leben von einer süchtig machenden Droge bestimmt wird. Nikotin wird deshalb nicht als Droge eingestuft, weil es unter den Giften geführt wird. Unter den tödlich wirkenden und zu Abhängigkeit führenden Produkten ist es dasjenige, das weltweit am meisten verkauft wird und ganz legal an der Ladentheke erhältlich ist.

## ICH SCHAFFE DAS!

DATUM:                    MEIN  **47.**  TAG

Wie kommt es, dass wir, ehe wir in die Falle tappen, Rauchen als ekelhafte, abstoßende Gewohnheit betrachten? Und Raucher als Mitleid erregende Gestalten, die ein Vermögen ausgeben, nur um krebserregenden Rauch inhalieren zu können? Und dass uns, sobald wir selbst in der Falle sitzen, jede noch so billige Ausrede recht ist, nur um in der Falle bleiben zu dürfen, egal, wie unlogisch diese Ausrede auch sein mag?

ICH KANN NUR GEWINNEN!

## MEIN 48. TAG   DATUM:

Unterschätzen Sie die Genialität der Nikotinfalle nicht. Ihr sind schon mehr Menschen zum Opfer gefallen als in all unseren Kriegen. Doch die Nikotinfalle ist nichts weiter als ein Täuschungsmanöver. Intelligente Menschen fallen darauf genauso herein wie dumme Menschen. Doch wenn sie den Trick einmal durchschaut haben, fallen weder intelligente noch dumme Menschen darauf herein.

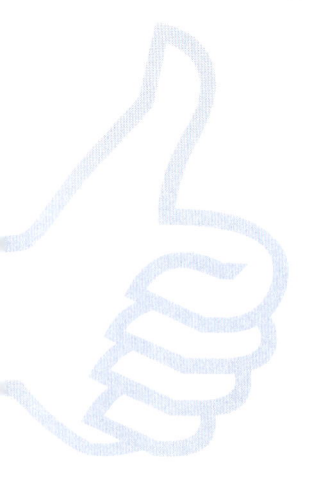

**ICH SCHAFFE DAS!**

DATUM:  MEIN  **49.**  TAG

Angenommen, Sie könnten einer Maus genau erklären, wie eine Mausefalle funktioniert. Die Maus würde also verstehen, dass, sobald sie am Käse knabbern will, ein großer Eisenbügel auf sie herunterdonnert, der ihr das Genick bricht, sie dabei zunächst aber noch am Leben bleibt und einen schlimmen Todeskampf erleidet. Glauben Sie, die Maus käme auch nur in die Nähe dieses Käsestücks?

ICH VERZICHTE AUF NICHTS!

MEIN **50.** TAG    DATUM:

Wenn Raucher wüssten, dass sie für jeden Zug, mit dem sie Nikotin in die Lunge einatmen, eine Menge Geld bezahlen müssen, dass sie dabei nicht nur das Risiko eingehen, schreckliche Krankheiten zu bekommen, sondern auch reizbarer werden, Selbstvertrauen einbüßen, lethargischer werden, sich nicht mehr so gut entspannen oder konzentrieren können und nicht mehr so gut mit Stress zurechtkommen – glauben Sie, diese Raucher würden nach wie vor rauchen?

ICH KANN NUR GEWINNEN!

DATUM:　　　　　　　　　MEIN **51.** TAG

Haben Sie schon einmal darüber nachgedacht, warum es eigentlich schwierig sein soll, mit dem Rauchen aufzuhören? Schließlich zwingt uns niemand dazu. Warum sollte es also schwierig sein, wenn wir selbst beschließen, nie wieder rauchen zu wollen? Wir müssen keinerlei Handlungen ausführen. Wir dürfen uns lediglich keine weitere Zigarette anstecken. Die so genannten Experten führen dafür drei Gründe an.

MEINE GEDANKEN FÜR HEUTE:

_____

_____

_____

_____

_____

_____

ICH BIN AUF DEM RICHTIGEN WEG!

## MEIN 52. TAG   DATUM:

Der erste Grund: Rauchen sei eine Gewohnheit und Gewohnheiten seien schwer abzulegen. Wirklich? Ich bin seit über einem halben Jahrhundert gewohnt, auf der linken Straßenseite zu fahren, doch wenn ich auf dem europäischen Festland fahre, habe ich nicht die geringsten Probleme, diese Gewohnheit abzulegen. In Wirklichkeit gibt es nichts, was wir aus Gewohnheit tun.

**ICH SCHAFFE DAS!**

DATUM:                    MEIN  **53.**  TAG

Was ist eine Gewohnheit? Nicht mehr und nicht weniger als die Wiederholung eines bestimmten Verhaltensmusters. Wie oft müssen Sie ein bestimmtes Verhalten wiederholen, bis es zur Gewohnheit wird? Die Anzahl ist nicht so wichtig, aber sagen wir mal, es sind fünf Wiederholungen. Die ersten vier erfolgten nicht aus Gewohnheit, es muss einen anderen Grund dafür gegeben haben. Mit anderen Worten: Es wurde nur zur Gewohnheit, weil Sie einen Grund hatten, es zu wiederholen, und nicht umgekehrt.

ICH VERZICHTE AUF NICHTS!

Mein **54.** Tag   Datum:

Bei manchem Verhalten liegt es auf der Hand, warum es zur Gewohnheit geworden ist. Um noch einmal das Beispiel mit dem Autofahren aufzugreifen: Ich habe es mir nur zur Gewohnheit gemacht, links zu fahren, weil alles andere hirnlos (und gesetzeswidrig!) gewesen wäre. Auf dem Festland verhielt es sich anders, also änderte ich meine Gewohnheit. Doch andere Gewohnheiten, wie Nägelkauen oder Rauchen, würden wir lieber abstellen. Wir verstehen nicht, warum wir sie immer wieder ausführen. Wenn Sie glauben, Sie würden nur rauchen, weil es zur Gewohnheit geworden ist, ist folgerichtig anzunehmen, Sie könnten die Gewohnheit nur ablegen, wenn Sie lange genug abstinent bleiben. Aber Sie haben nicht nur aus Gewohnheit geraucht. Sie müssen der Ursache dieses Verhaltens auf den Grund gehen, um sie dann zu beseitigen.

**Ich schaffe das!**

DATUM:                    MEIN  55.  TAG

Der zweite von den Experten genannte Grund: Ein Nikotinverzicht würde unumgänglich schwere körperliche Entzugserscheinungen hervorrufen. Doch sehen Sie sich auch in diesem Fall die Fakten an: Raucher können eine ganze Nacht lang schlafen, ohne eine Zigarette zu rauchen, und wachen nicht wegen schlimmer körperlicher Beschwerden auf. Sie verspüren keinerlei Schmerzen.

ICH KANN NUR GEWINNEN!

# MEIN 56. TAG  DATUM:

Die meisten Raucher schaffen es, morgens bis zum Frühstück abstinent zu bleiben. Manche warten, bis sie aus dem Haus gehen, manche, bis sie an ihrem Arbeitsplatz eingetroffen sind. Gelegenheitsraucher können tagelang nicht rauchen und haben dabei keinerlei körperliche Beschwerden. Ich ging über Nacht von hundert am Tag auf null und verspürte keinerlei körperliche Entzugserscheinungen.

## MEINE GEDANKEN FÜR HEUTE:

---
---
---
---
---
---
---

## ICH BIN AUF DEM RICHTIGEN WEG!

DATUM:  MEIN 57. TAG

Beim Versuch, mit dem Rauchen aufzuhören, sind die Qualen der Raucher ausschließlich mentaler Natur. Aus Gründen, die sie nicht verstehen, wollen sie immer noch eine Zigarette, die sie sich aber nicht zugestehen. Kein Wunder also, dass sie das Gefühl haben, auf etwas verzichten zu müssen, und dass es ihnen dabei schlecht geht. Es ist dasselbe Gefühl, das sie nachts auf die Suche nach einer geöffneten Tankstelle treibt. Diese Panik erreicht ihren Höhepunkt, wenn sie schließlich die letzte Zigarette in der Packung rauchen. Aber das kann doch noch nicht der Entzug sein?

ICH VERZICHTE AUF NICHTS!

MEIN 58. TAG   DATUM:

Der dritte Grund, warum das Aufhören so schwer fällt, liegt laut Expertenmeinung bei Ihnen selbst und an Ihrer mangelnden Willenskraft. Zum Aufhören braucht man Willenskraft, heißt es. Wenn Sie es nicht schaffen, sind nicht die Experten schuld, sondern Sie selbst – Sie haben einfach nicht die nötige Willenskraft aufgebracht. Wie lautete noch mal der wertvolle Rat, den Ihnen diese so genannten Experten erteilt haben? Rauchen sei eine ekelhafte, abstoßende Gewohnheit, die Ihre Gesundheit und Ihren Geldbeutel ruiniert? Wussten Sie das nicht schon vorher? War das nicht der Grund, warum Sie Rat bei einem Experten suchten?

ICH KANN NUR GEWINNEN!

DATUM:                    MEIN **59.** TAG

Wenn man es nicht schafft, mit dem Rauchen aufzuhören, liegt das nicht an mangelnder Willenskraft, sondern an einem Willenskonflikt! Ich wusste, dass ich einen starken Willen besaß, und konnte nicht verstehen, warum Freunde, die sich überhaupt nicht für willensstark hielten, aufhören konnten – und ich nicht. Doch wenn Sie Ihre Raucherbekanntschaften einmal genauer betrachten, werden Sie feststellen, dass viele von ihnen – sieht man von der Tatsache ab, dass sie rauchen – intelligente und willensstarke Menschen sind. Die Tatsache, dass Sie aufhören möchten, lässt darauf schließen, dass Sie einigermaßen vernünftig sind. Aber halten wir uns an die Fakten: Da niemand anderer als Sie selbst Sie zum Rauchen zwingt, muss es eine Kraft geben, die Sie zum Weiterrauchen animiert, denn sonst wären Sie bereits Nichtraucher.

**ICH SCHAFFE DAS!**

MEIN 60. TAG        DATUM:

Ein anderes weit verbreitetes Märchen: Erst als in der Medizin ein Zusammenhang zwischen Rauchen und Lungenkrebs nachgewiesen werden konnte, wurde uns bewusst, dass Rauchen schädlich sei. Aber das ist nicht wahr. Schon im Ersten Weltkrieg hießen Zigaretten bezeichnenderweise »Sargnägel«. Mich überraschte das Lungenkrebsrisiko nicht. Es lag doch auf der Hand, dass es widerlich und unnatürlich ist, Tag für Tag diesen ekelhaften Rauch zu inhalieren.

### MEINE GEDANKEN FÜR HEUTE:

_____

_____

_____

_____

_____

_____

### ICH BIN AUF DEM RICHTIGEN WEG!

DATUM:                           MEIN  **61.**  TAG

Nikotin ist ein Gift, das häufig in Pestiziden enthalten ist, die eine vernichtende Wirkung auf alle lebenden Organismen besitzen. Da man für eine tödliche Dosis nur sehr wenig benötigt, wird es in Milligramm gemessen. Würde man das Nikotin aus einer einzigen Zigarette extrahieren und Ihnen injizieren, würde Sie das umbringen. Beim Rauchen wird es zum Glück in so kleinen Dosen aufgenommen, dass es nicht tödlich wirkt (zumindest nicht unmittelbar).

ICH KANN NUR GEWINNEN!

## Mein 62. Tag   Datum:

In den Anfängen der Zigarettenherstellung wurden nur die Blätter und zarten Stängel der Tabakpflanzen geerntet, und daraus wurde das Nikotin extrahiert. Dank heutiger Technologien wird aus der gesamten Pflanze die giftige Substanz gewonnen. Dann wird der Tabak gepresst, getrocknet und zerkleinert, und das Extrakt wird in sehr präzise bemessenen Mengen wieder zugesetzt – zusammen mit etwa 600 weiteren toxischen Chemikalien. Der Nikotingehalt jeder einzelnen Zigarette ist exakt so bemessen, dass der Körper die Wirkung des Entzugs verspürt, kurz bevor das Gift den Blutkreislauf wieder verlässt.

**Ich verzichte auf nichts!**

DATUM:                    MEIN  63.  TAG

Angenommen wir glauben, es sei keinerlei Gefahr damit verbunden, ein Formel-Eins-Fahrer zu sein. Doch dann beweist eine wissenschaftliche Studie, dass es ein ausgesprochen gefährlicher Zeitvertreib ist. Wen würden wir daraufhin für den willensschwächeren Menschen halten – den Fahrer, der nicht den Mut hat, den geliebten Sport weiter zu betreiben, oder den, der trotzdem fährt?

MEINE GEDANKEN FÜR HEUTE:

ICH BIN AUF DEM RICHTIGEN WEG!

MEIN 64. TAG    DATUM:

Ich will das Rauchen nicht rechtfertigen, sondern lediglich deutlich machen, dass in den Köpfen aller aktiven Raucher ein Tauziehen stattfindet. Es ist keine Frage von Willenskraft, es ist ein Willenskonflikt. Als der Zusammenhang von Rauchen und Lungenkrebs nachgewiesen wurde, hatten viele Raucher größere Angst vor den Risiken als vor einem Leben ohne ihren Freund und Helfer. Ich gehörte zu den vielen, die größere Angst vor einem Leben ohne Zigaretten hatten als vor den Risiken.

**ICH SCHAFFE DAS!**

DATUM:                    MEIN  **65.**  TAG

Obwohl ich mich, wie alle Raucher, schwach und dumm fühlte, weil ich mich von einer Gewohnheit dominieren ließ, die ich verabscheute, war mir jedes Mal, wenn ich aufhören wollte, ganz miserabel zumute. Also fällte ich eine Entscheidung, die mir logisch erschien: Lieber wollte ich das kürzere, aber aufregendere Leben eines Rauchers führen als das längere und langweiligere Leben eines Ex-Rauchers.

ICH VERZICHTE AUF NICHTS!

MEIN 66. TAG    DATUM:

Würde diese Argumentation zutreffen, wäre ich immer noch Raucher. Nein, falsch, ich wäre seit 20 Jahren tot. Heute kann ich mir beim besten Willen nicht mehr vorstellen, dass ich soweit gesunken war, das Leben eines Rauchers aufregender zu finden als das eines Nichtrauchers – oder das Leben eines Nichtrauchers langweiliger als das eines Rauchers.

ICH KANN NUR GEWINNEN!

DATUM:  MEIN **67.** TAG

An dieser Stelle lassen wir eine weitere Illusion platzen. Es ist richtig, dass Raucher dazu neigen, sich eine Zigarette anzuzünden, wenn sie sich langweilen. Aber machen Sie sich frei im Kopf. Glauben Sie beim Rauchen einer Zigarette tatsächlich, dies sei vielleicht die aufregendste und faszinierendste Erfahrung Ihres Lebens? – Ich stecke mir eine Zigarette an und inhaliere den ekelhaften, krebserregenden Rauch. Wahnsinn! Ich habe vielleicht ein Glück! Nichtraucher kommen niemals in diesen Genuss.

ICH SCHAFFE DAS!

# MEIN 68. TAG                DATUM:

Wenn Sie meine Anweisungen befolgen und Ihre Zigaretten bewusst rauchen, merken Sie, dass auch Raucher nicht in diesen Genuss kommen. Zigaretten wirken nicht gegen Langeweile, im Gegenteil, sie verursachen Langeweile. Können Sie sich etwas Langweiligeres vorstellen, als 30 Jahre lang jeden Tag 100 Zigaretten Kette zu rauchen?

## MEINE GEDANKEN FÜR HEUTE:

___

___

___

___

___

___

___

## ICH BIN AUF DEM RICHTIGEN WEG!

Wenn also meine Behauptung zutrifft, dass Rauchen keinen echten Genuss oder Vorteil bietet, wie kann es dann sein, dass Millionen von Rauchern, tot oder lebend, getäuscht wurden? Wie ich bereits sagte, ist die Nikotinfalle das raffinierteste und genialste Täuschungsmanöver, das sich Mutter Natur und die Menschheit gemeinsam ausgedacht haben. Und ich behaupte von mir, der erste Mensch zu sein, der es durchschaut hat.

ICH SCHAFFE DAS!

MEIN **70.** TAG        DATUM:

So wie ein genialer Zaubertrick nichts Magisches mehr besitzt, sobald er erklärt wird, gibt es nichts Simpleres als die Nikotinfalle, wenn man ihren Mechanismus einmal erkannt hat. Sicher ist Ihnen aufgefallen, dass ich niemals von der »Raucherfalle« spreche. Wenn Sie jemals versucht haben, auf Kräuterzigaretten umzusteigen, wissen Sie, dass Sie sie nie richtig genießen werden, egal wie lange Sie durchhalten.

ICH KANN NUR GEWINNEN!

DATUM:                    MEIN  **71.**  TAG

Sie haben schon einmal versucht, auf Selbstgedrehte, Pfeife oder Zigarren umzusteigen, in der Hoffnung, Sie würden dann weniger rauchen, weil es so scheußlich schmeckt? Dann haben Sie möglicherweise festgestellt, dass es Ihnen ging wie damals mit Ihrer ersten Zigarette, die zwar widerlich schmeckte, sich aber als Genuss erwies, als Sie sich daran »gewöhnt« hatten: Früher oder später »gewöhnen« Sie sich an den Geschmack jeder beliebigen Substanz, die Nikotin enthält.

**MEINE GEDANKEN FÜR HEUTE:**

_____

_____

_____

_____

_____

**ICH BIN AUF DEM RICHTIGEN WEG!**

# MEIN 72. TAG          DATUM:

Sind Sie der Meinung, Heroinabhängige setzen sich eine Spritze, weil sie den Einstich genießen oder weil sie sich die Droge zuführen wollen? Sind Sie der Meinung, Kokainabhängige schnupfen Kokain, weil ihnen das Schnupfen an sich so gut gefällt oder weil sie die Wirkung der Droge erleben wollen? Sind Sie der Meinung, Tabakschnupfer schnupfen, weil ihnen der Vorgang des Schnupfens so gut gefällt oder weil es sich beim Schnupftabak um getrockneten Tabak handelt, der Nikotin enthält?

## ICH VERZICHTE AUF NICHTS!

DATUM:　　　　　　　　MEIN **73.** TAG

Jeder Feuerwehrmann oder Bergarbeiter wird Ihnen erzählen, dass es keinen Spaß macht, giftigen Rauch einzuatmen. Es fällt schwer, sich einen absurderen Zeitvertreib als das Rauchen auszudenken - und der Umstand, dass Sie auch noch ein kleines Vermögen für dieses Privileg ausgeben, macht die Sache noch lächerlicher. Wir fangen aus idiotischen Gründen an, zu rauchen. Der einzige Grund, warum Raucher weiterrauchen, ist der, **dass sie vom Nikotin abhängig sind.**

ICH SCHAFFE DAS!

MEIN **74.** TAG   DATUM:

Wenn also mit dem Rauchen keine Vorteile verbunden sind, dann doch mit dem Nikotin? Nein! Es gibt keinerlei Vorteile, weder beim Schnupfen noch beim Inhalieren, Kauen oder Absorbieren durch ein Pflaster auf dem Arm.

## MEINE GEDANKEN FÜR HEUTE:

_____

_____

_____

_____

_____

_____

_____

_____

## ICH BIN AUF DEM RICHTIGEN WEG!

DATUM:  MEIN **75.** TAG

Nikotin tötet nicht nur Insekten, sondern auch zirka fünf Millionen Menschen jährlich auf unserem Planeten. Es ist auch die Droge Nikotin, die in uns die Illusion hervorruft, Rauchen biete uns Genuss oder Hilfe. Die Tabakpflanze ist in Südamerika beheimatet und gehört zur Familie der tödlich wirkenden Nachtschattengewächse. Von allen Drogen, die der Menschheit bekannt sind, ist es diejenige, die am stärksten abhängig macht. Eine einzige Dosis kann schon zur Abhängigkeit führen.

ICH KANN NUR GEWINNEN!

## MEIN 76. TAG    DATUM:

Die abstoßende braune Färbung an den Fingern und Zähnen von Rauchern wird allgemein auf das Nikotin zurückgeführt. Tatsächlich werden die braunen Flecken jedoch von den Teeren verursacht. Nikotin ist eine farblose, ölige Substanz, von der 90 Prozent der erwachsenen männlichen Bevölkerung in der westlichen Gesellschaft irgendwann einmal abhängig waren oder sind.

### MEINE GEDANKEN FÜR HEUTE:

---

---

---

---

---

---

### ICH BIN AUF DEM RICHTIGEN WEG!

DATUM: MEIN 77. TAG

Jeder Zug an einer Zigarette transportiert eine kleine Dosis Nikotin über die Lunge und den Blutkreislauf zum Gehirn. Sie entfaltet ihre Wirkung schneller als eine Dosis Heroin, die direkt in eine Vene injiziert wird. Wenn Sie also an einer Zigarette 20-mal ziehen, ist es so, als setzten Sie sich mit dieser einen Zigarette 20 Schuss Nikotin.

ICH KANN NUR GEWINNEN!

## MEIN 78. TAG     DATUM:

Wenn Sie zu den Rauchern gehören, die glauben, sie inhalieren nicht, so täuschen Sie sich. Wir sind uns ja auch die meiste Zeit nicht bewusst, dass wir atmen. Doch sobald wir es nicht tun, werden wir uns dessen sehr schnell bewusst. Und es hätte wenig Sinn, eine Zigarette anzustecken, wenn man das Nikotin nicht inhaliert.

**ICH VERZICHTE AUF NICHTS!**

Beim ersten Versuch stellt sich keineswegs die Illusion von Genuss ein. Zum Glück erinnern sich die meisten Raucher noch, wie widerlich das Inhalieren war und wie sehr sie sich bemühen mussten – nicht um sich an den Geschmack zu »gewöhnen«, sondern um zu inhalieren, ohne zu husten oder von Übelkeit befallen zu werden.

ICH SCHAFFE DAS!

MEIN 80. TAG          DATUM:

Wie bei allen abhängig machenden Drogen nehmen wir nicht so sehr den Genuss des Konsums wahr, sondern die Wirkung, die eine Droge auf uns ausübt. Die so genannten Experten wollen uns glauben machen, dass wir nur dann unter Entzugserscheinungen leiden, wenn wir versuchen aufzuhören. In Wirklichkeit ist es aber so, dass wir nur deshalb weiterrauchen, weil wir vergeblich versuchen, die Entzugserscheinungen abzuschwächen, die durch die vorhergegangene Dosis Nikotin hervorgerufen wurden.

**ICH KANN NUR GEWINNEN!**

DATUM:                    MEIN  **81.**  TAG

In dem Augenblick, in dem Sie eine Zigarette ausmachen, fängt das Nikotin an, Ihren Körper zu verlassen. Dadurch entsteht ein Gefühl der Leere und Unsicherheit, das fast identisch mit Hunger ist. Wir kennen nur dieses eine Gefühl: etwas mit den Händen tun zu müssen oder einfach: »Ich will oder brauche eine Zigarette!« Nach dem Ausdrücken einer Zigarette sinkt innerhalb von 30 Minuten der Nikotinanteil im Blutkreislauf um die Hälfte und nach einer Stunde um drei Viertel. Das erklärt, warum die meisten Raucher ungefähr 20 Zigaretten pro Tag konsumieren.

ICH VERZICHTE AUF NICHTS!

MEIN 82. TAG          DATUM:

Sofort stecken Sie sich die nächste Zigarette an, das Nikotin wird ersetzt, und das Gefühl der Leere und Unsicherheit verschwindet. Es entsteht ein Wohlgefühl, das Raucher als genussvoll, zufrieden stimmend oder entspannend beschreiben. So als würde man sich zu enger Schuhe entledigen. Jugendliche neigen dazu, dieses Gefühl als »Kick« zu bezeichnen. Woher kommt dieser Unterschied in der Beschreibung? Nun, wenn wir mit dem Rauchen anfangen, kann man dieses Erlebnis bestimmt nicht als vergnüglich beschreiben.

ICH KANN NUR GEWINNEN!

Ich nenne dieses Gefühl der Leere und Unsicherheit die »kleine Bestie«. Warum dieser Name? Weil es sich einerseits um eine tatsächlich vorhandene körperliche Beeinträchtigung handelt, andererseits nimmt man diese Beeinträchtigung jedoch kaum wahr. 99,99 Prozent aller Raucher haben niemals wirklich bemerkt, dass dieses Gefühl existiert. Jahrelang habe ich mich selbst als nikotinsüchtig bezeichnet. Ich bezeichnete mich auch als golfsüchtig. Und in beiden Fällen hatte ich nicht den Eindruck, von einer Droge abhängig zu sein.

ICH SCHAFFE DAS!

# Mein 84. Tag          Datum:

Ich hielt Nikotin lediglich für eine braune, schmuddelige Substanz, die meine Finger und Zähne verfärbt. Ganz sicher kam es mir nie in den Sinn, dass der Versuch, den unersättlichen Appetit der »kleinen Bestie« zu stillen, der einzige Grund war, warum ich mir – und ebenso jeder andere Raucher – immer wieder eine Zigarette ansteckte.

## Meine Gedanken für heute:

___

___

___

___

___

___

___

## Ich bin auf dem richtigen Weg!

Machen Sie sich keine Gedanken, wenn es Ihnen an dieser Stelle schwer fällt, meine Vorstellung zu teilen. Wenn alles so einfach wäre, läge es doch klar auf der Hand, und Allen Carr wäre nicht der Einzige, der dahintergekommen ist. Ein ausgeklügelter Zaubertrick wird nur durchschaubar, wenn man ihn erklärt. In der Zeit vor Galileo fand jeder, der die Sonne im Osten aufgehen und im Westen untergehen sah, bestätigt, was die »Experten« und alle anderen auf der Erde glaubten: dass sich die Sonne um die Erde dreht.

ICH SCHAFFE DAS!

MEIN 86. TAG    DATUM:

Heute wissen wir, dass sich die Erde um die Sonne dreht. Die Illusion entstand durch ein einfach zu klärendes Missverständnis. Doch diese simple Illusion besaß solche Kraft, dass die Menschheit eine Million Jahre brauchte, um diese Theorie zu widerlegen. Noch heute gilt die Betrachtungsweise, dass die Sonne im Osten aufgeht und im Westen untergeht, und nicht, dass sich die Erde um ihre eigene Achse dreht, bis die Sonne in ihr Blickfeld rückt und wieder aus diesem hinaustritt.

ICH KANN NUR GEWINNEN!

DATUM:  MEIN **87.** TAG

Es ist an der Zeit, dass Sie eine Tatsache ganz klar erkennen: Nichtraucher brauchen ihren Körper nicht zu vergiften, um ein Essen zu genießen oder ein Telefongespräch zu führen. Auch Sie haben es nicht gebraucht, bevor Sie in die Nikotinfalle getappt sind. Und Sie brauchen es auch in Zukunft nicht mehr, wenn Sie sich aus ihr befreit haben.

## MEINE GEDANKEN FÜR HEUTE:

---

---

---

---

---

---

---

## ICH BIN AUF DEM RICHTIGEN WEG!

MEIN 88. TAG    DATUM:

Der einzige Grund, warum ein Raucher sich die nächste Zigarette ansteckt, ist der vergebliche Versuch, das Gefühl der Leere und Unsicherheit zu mindern, das die vorhergehende Zigarette ausgelöst hat. Wenn Sie erkennen, dass eine Zigarette dieses Gefühl nicht mindert, sondern erst hervorruft, werden Sie keine Lust auf eine Zigarette haben. Das ist so, als würden Sie Ihre Hände in kochend heißes Wasser stecken, nur um zu spüren, wie gut es ist, wenn Sie sie wieder herausziehen.

**ICH VERZICHTE AUF NICHTS!**

DATUM: MEIN 89. TAG

Kein Mensch empfindet ein ungesundes Maß an Stress als angenehm. Es führt zu körperlicher und emotionaler Unruhe, man ist unsicher, verwundbar und unfähig, der Lage Herr zu werden. Chemische Stoffe, die in den Blutkreislauf gelangen, verursachen körperliche Reaktionen auf Angst und können ein Gefühl der Leere hervorrufen. Dieses Gefühl ist identisch mit jenem, das sich einstellt, wenn es Sie nach einer Zigarette verlangt. Kein Wunder also, dass etwas im Gehirn des Rauchers durcheinander gerät und es bei Stress ganz automatisch auf das schnellstmöglich verfügbare »Gegenmittel« verfällt.

**ICH SCHAFFE DAS!**

MEIN 90. TAG        DATUM:

Wenn Sie sich eine Zigarette anstecken, fühlen Sie sich tatsächlich entspannt, selbstsicher, konzentriert und stressresistent. Deshalb argumentiert mancher Raucher, die Zigarette biete ihm echte Vorteile. Fakt ist aber auch, dass wir Erleichterung verspüren, wenn wir zu enge Schuhe ausziehen. Genauso offensichtlich ist es, dass nur Raucher von dem panischen Verlangen nach einer Zigarette befallen werden. Und jede weitere Zigarette sorgt dafür, dass dieses Gefühl anhält, anstatt es abzuschwächen.

ICH VERZICHTE AUF NICHTS!

DATUM:                    MEIN  **91.**  TAG

Viele Jahre haben Sie die Depression ertragen, die Ihre Gefangenschaft in der Nikotinabhängigkeit verursacht hat. Ihr Leben war von einer schwarzen Wolke überschattet, die immer größere Ausmaße annahm. Ist es nicht an der Zeit, die dunklen Wolken wegzuschieben und in einen strahlend blauen Himmel, in eine verheißungsvolle Zukunft zu blicken?

ICH KANN NUR GEWINNEN!

## MEIN 92. TAG    DATUM:

Sie sind auf dem besten Weg, einen schlimmen Betrug für immer zu durchschauen: dass man schwer verdientes Geld ausgeben muss, um widerlichen, ekelhaften, krebserregenden Rauch in die Lunge einzuatmen. Nur um zu jenem Zustand des Friedens und der Ruhe zurückzukehren, den man vor der ersten Zigarette genießen durfte.

### MEINE GEDANKEN FÜR HEUTE:

_____
_____
_____
_____
_____
_____
_____

### ICH BIN AUF DEM RICHTIGEN WEG!

Ist es wirklich so simpel? Rauchen Sie nur deshalb immer weiter, um zu diesem entspannten Zustand zurückzufinden, den Sie vor Ihrer ersten Zigarette empfunden haben? Vielleicht fällt es Ihnen schwer, diese Theorie zu akzeptieren. Ich kann Ihnen versichern: Es ist wirklich so simpel!

ICH SCHAFFE DAS!

## MEIN 94. TAG  DATUM:

Von Nikotin abhängig zu sein ist in vielerlei Hinsicht tragisch. Noch tragischer ist es aber, wenn Raucher zweifelnden Nichtrauchern den Genuss beschreiben wollen, den das Rauchen angeblich bereitet. Doch der wahre Genuss ist der Versuch, sich wie ein Nichtraucher zu fühlen – das Einzige, was Sie daran hindert, ist der Griff zur nächsten Zigarette.

### MEINE GEDANKEN FÜR HEUTE:

---
---
---
---
---
---
---

### ICH BIN AUF DEM RICHTIGEN WEG!

Aber so einfach kann es doch nicht sein! Wäre das nicht schon Millionen anderer Menschen aufgefallen? Unterschätzen Sie die Raffinesse der Falle nicht. Es ist aus mehreren Gründen schwierig, den Mechanismus zu durchschauen. Wir alle wurden einer massiven Gehirnwäsche unterzogen. Raucher schildern uns, wie genussvoll das Rauchen ist, wie entspannend es auf sie wirkt und wie es ihre Nerven beruhigt. Und warum sollten wir ihnen nicht glauben? Sicher würden sie nicht rauchen, wenn es nicht zuträfe.

## ICH VERZICHTE AUF NICHTS!

MEIN 96. TAG    DATUM:

Es wird uns auch suggeriert, Rauchen sei ein Zeichen des Erwachsenseins – starke Männer und überlegene Frauen rauchen. Ich weiß nicht, wie viele Opfer diese Suggestion schon gefordert hat. Aber ich weiß definitiv, dass Rauchen für das frühzeitige, langsame und qualvolle Sterben von jährlich fünf Millionen Menschen verantwortlich ist.

**ICH KANN NUR GEWINNEN!**

DATUM:                    MEIN  **97.**  TAG

In den Medien ist das Rauchen stets präsent. Die Körpersprache eines Rauchers, der sich auf dem Bildschirm eine Zigarette anzündet, transportiert subtile Botschaften. Einem wütenden Darsteller, der vielleicht gerade Streit mit dem Chef oder der Freundin hatte und danach eine Zigarette raucht, können Sie ansehen, wie er sich beim Inhalieren sichtlich entspannt. Die überzeugende Botschaft lautet: Zigaretten helfen in Stresssituationen.

ICH VERZICHTE AUF NICHTS!

MEIN 98. TAG    DATUM:

Inzwischen ist in vielen Ländern das Rauchen im Fernsehen oder in Kinofilmen sowie Zigarettenwerbung gesetzlich verboten. Trotzdem zeigt eine Erhebung aus dem Jahr 2004, dass zum Beispiel in Hollywoodfilmen Rauchszenen um 46 Prozent angestiegen sind. Gerechtfertigt wird dies mit der »künstlerischen Freiheit«. Unterlagen aus Tabakunternehmen beweisen, dass es eher etwas damit zu tun haben könnte, dass einige bekannte Filmstars nichts dagegen haben, in ihren Filmen gegen entsprechende Bezahlung mit Tabakprodukten in Erscheinung zu treten.

ICH SCHAFFE DAS!

DATUM:                    MEIN 99. TAG

Der Drehbuchautor Joe Eszterhas schrieb für den Film Basic Instinct unter anderem eine Szene, in der Sharon Stone eine Zigarette raucht. Er rechtfertigte dies mit der Begründung, er habe sich die »künstlerische Freiheit« genommen, die Szene dadurch bewusst erotischer zu gestalten. Seit er als unmittelbare Folge seines eigenen Zigarettenkonsums an Kehlkopfkrebs leidet, gehört er zu den vehementesten Kämpfern gegen die Darstellung des Rauchens in Film und Fernsehen. Er weiß, welche Wirkung eine gut gemachte Szene auf die Zuschauer entfalten kann. Und auch Sie müssen sich dieser Wirkung bewusst werden.

ICH KANN NUR GEWINNEN!

# MEIN 100. TAG     DATUM:

Glückspilze finden den Geschmack der ersten Zigarette so schrecklich, dass sie nie wieder in Versuchung geraten. Pechvögel halten durch und können, ehe es ihnen bewusst wird, nicht mehr davon lassen.

## MEINE GEDANKEN FÜR HEUTE:

---

## ICH BIN AUF DEM RICHTIGEN WEG!

DATUM:  MEIN **101.** TAG

Am Anfang kaufen wir natürlich nicht täglich eine Packung Zigaretten, sondern nur, wenn wir abends weggehen, uns am Wochenende entspannen wollen oder in Urlaub fahren. Doch schneller als wir denken kaufen und rauchen wir jeden Tag Zigaretten. Und es dauert nicht lange, bis wir uns unsicher fühlen, wenn wir nicht eine Packung Zigaretten in greifbarer Nähe haben.

**ICH VERZICHTE AUF NICHTS!**

MEIN 102. TAG        DATUM:

Ich möchte, dass Sie sich auf dieses Gefühl der Unsicherheit konzentrieren: Haben die Zigaretten damals wirklich so gut geschmeckt? Haben Sie wirklich geraucht, weil Sie sich dadurch erwachsener, stärker oder souveräner fühlten? Oder waren Sie nur einfach eine der vielen Personen, die in diese bösartige Falle geraten sind. Sie gingen dazu über, diese Zigaretten regelmäßig zu kaufen und zu rauchen, weil die »kleine Bestie« die Kontrolle über Ihr Leben übernahm.

## MEINE GEDANKEN FÜR HEUTE:

---

---

---

---

---

---

## ICH BIN AUF DEM RICHTIGEN WEG!

DATUM: MEIN 103. TAG

Die Gehirnwäsche hat uns suggeriert, dass Rauchen Genuss und Hilfestellung bietet, und wir haben uns beharrlich bemüht, uns an den Geschmack zu »gewöhnen«. Warum sollten wir daran zweifeln, wenn wir merken, dass es tatsächlich zutrifft? Nikotinabhängige haben beim Rauchen tatsächlich das Gefühl, sich besser konzentrieren zu können, entspannter und selbstsicherer zu sein und nicht mehr so nervös, gelangweilt oder niedergeschlagen. Wir verstehen nicht, wie es möglich ist, dass eine Zigarette diese widersprüchlichen Wirkungen erzielt. Aber warum es in Frage stellen, solange die Wirkungen anhalten?

ICH KANN NUR GEWINNEN!

# MEIN 104. TAG            DATUM:

Erst wenn unsere Gesundheit, Energie und Finanzen durch das Rauchen negativ beeinträchtigt werden, fangen wir an zu zweifeln. Sämtliche Formen von Drogenabhängigkeit sind schwierig zu durchschauen, weil ihr Mechanismus gegenläufig wirkt: Wenn die Droge unseren Körper verlässt, leiden wir unter dem Gefühl von Leere und Unsicherheit. Da wir zu diesem Zeitpunkt gerade nicht rauchen, kein körperlicher Schmerz eintritt und das Gefühl kaum wahrnehmbar ist, bringen wir es nicht mit der letzten Zigarette in Verbindung. In dem Moment, in dem wir uns wieder eine anstecken, wird das Nikotin ersetzt und wir fühlen uns wieder selbstsicher und entspannt. Also schreiben wir der Zigarette magische Wirkung zu.

**ICH SCHAFFE DAS!**

DATUM:　　　　　　　　　MEIN 105. TAG

Die Falle ist letztendlich deshalb so schwer zu erkennen, weil dieses Gefühl kaum wahrnehmbar ist. Es tritt kein körperlicher Schmerz auf, wir kennen das Gefühl nur als den Gedanken: »Ich will/brauche eine Zigarette!« Um Nikotinabhängigkeit wirklich zu verstehen, müssen Sie erst verstehen, wie Hunger wirkt.

**ICH VERZICHTE AUF NICHTS!**

# Mein 106. Tag   Datum:

Hunger empfinden wir als irgendwie unangenehm. Nun stellen Sie sich vor, Sie seien unser Schöpfer und hätten diese unglaubliche Vielfalt an Arten auf unserem Planeten erschaffen. Was würden Sie tun, damit niemand verhungern muss? Sie könnten jedes einzelne Lebewesen täglich füttern, doch das wäre ein irrsinniger Aufwand. Also warum nicht das tun, was unser Schöpfer getan hat, nämlich dieses geniale Instrument namens Hunger erfinden?

**Ich kann nur gewinnen!**

DATUM:                    MEIN  **107.**  TAG

Was passiert eigentlich, wenn Sie Hunger haben? Leiden Sie unter körperlichen Schmerzen? Kann sein, dass Ihr Magen knurrt, aber das ist kein Schmerz. Ist es nicht so, dass wir Hunger lediglich als dieses Gefühl der Leere und Unsicherheit empfinden, das uns sagt: »Ich muss etwas essen!«?

## MEINE GEDANKEN FÜR HEUTE:

_____

_____

_____

_____

_____

_____

_____

## ICH BIN AUF DEM RICHTIGEN WEG!

MEIN 108. TAG          DATUM:

Viele Menschen glauben, der wirkliche Genuss beim Essen sei der Geschmack einer guten Speise. Falsch! Es ist kein Zufall, dass man Ihnen in Frankreich zum Essen »bon appetit« wünscht und nicht »bonne nourriture« (gutes Essen). Der echte Genuss beim Essen besteht darin, das Gefühl der Leere und Unsicherheit abzustellen, das wir als Hunger kennen.

ICH VERZICHTE AUF NICHTS!

DATUM: MEIN 109. TAG

Natürlich bevorzugen wir bestimmte Speisen, um unseren Hunger zu stillen. Wie wir auch unser Verlangen nach Nikotin gerne mit ganz bestimmten Zigarettenmarken befriedigen. Aber wie Menschen, die kurz vor dem Verhungern stehen, zu Kannibalen werden, würden Raucher notfalls auch einen alten Jutestrick rauchen, wenn sie ihre Lieblingsmarke nicht bekommen.

ICH KANN NUR GEWINNEN!

## MEIN 110. TAG    DATUM:

Auch wenn keine Schmerzen auftreten, sollten Sie die Wirkung dieses Gefühls der Leere und Unsicherheit nicht unterschätzen. Wenn gottesfürchtige Menschen zu Kannibalen werden, wenn sich Raucher lieber Gliedmaßen amputieren lassen, anstatt mit dem Rauchen aufzuhören, ist das Gefühl wirklich existent! Das Gefühl der Leere, das durch Verlangen nach Nikotin entsteht, ist identisch mit Hunger.

### ICH VERZICHTE AUF NICHTS!

DATUM: MEIN 111. TAG

Aufgrund der ähnlichen Abläufe beim Stillen von Hunger und dem Verlangen nach Nikotin verfallen wir dem Irrtum, Rauchen biete uns wirklichen Genuss und/oder Hilfestellung. Doch in Wahrheit handelt es sich um zwei völlig gegensätzliche Dinge.

ICH SCHAFFE DAS!

MEIN 112. TAG     DATUM:

Seinen Hunger zu stillen ist eine angenehme Erfahrung. Dagegen kann das Einatmen von widerlichen und krebserregenden Stoffen wohl kaum als angenehm bezeichnet werden. Essen ist lebensnotwendig, es versorgt uns mit Energie und hält uns gesund und leistungsfähig. Nikotin ist ein starkes Gift, das uns lethargisch macht und unser Leben verkürzt. Essen verursacht nicht Hunger, sondern stellt ihn ab. Rauchen verursacht das Verlangen nach Nikotin und ist das einzige Mittel, dieses Verlangen zu stillen.

ICH KANN NUR GEWINNEN!

DATUM:                    MEIN 113. TAG

Es wäre ja alles nicht so schlimm, wenn Sie sich durch das Anzünden einer Zigarette wieder genauso gut fühlen würden wie damals, als Sie noch nicht geraucht haben. Doch leider ist das nicht der Fall. Sie fühlen sich noch nervöser und weniger entspannt als es der Fall wäre, wenn Sie nie jene erste Zigarette angesteckt hätten. Warum? Wegen der Immunität.

ICH SCHAFFE DAS!

MEIN 114. TAG        DATUM:

Der menschliche Körper ist eine raffinierte Überlebensmaschine. Ob es uns gefällt oder nicht, jeder unserer Instinkte soll uns das Überleben sichern. Angst betrachten wir als Schwäche. Aber sie ist alles andere als das: Sie ist ein Alarmsignal, das uns vor Gefahr warnt und bewirkt, dass wir etwas gegen die Bedrohung unternehmen.

ICH KANN NUR GEWINNEN!

DATUM:  MEIN **115.** TAG

Der widerliche Geschmack, das Husten und die Übelkeit beim Rauchen der ersten Zigaretten sind ein Alarmsignal. Der Körper sagt uns: »Du verabreichst mir Gift! Bitte hör damit auf!« Rauchen wir trotzdem weiter, nimmt unser Körper an, wir hätten keine andere Wahl. Er kann sich nicht vorstellen, dass wir es aus unendlicher Dummheit tun.

ICH KANN NUR GEWINNEN!

## Mein 116. Tag — Datum:

Unser Körper versucht auf erstaunliche Weise, uns zu helfen: Er wird immun gegen dieses Gift. Rasputin entwickelte eine so starke Immunität gegen Arsen, dass er die 20-fache Dosis dessen zu sich nehmen konnte, was auf eine normale Person tödlich gewirkt hätte – und er überlebte. Doch diese Immunität ist ein zweischneidiges Schwert.

**ICH VERZICHTE AUF NICHTS!**

DATUM:  MEIN 117. TAG

Da der Körper gegen die schädlichen Wirkungen des Nikotins allmählich immun wird, verschaffen Sie sich, wenn Sie sich eine Zigarette anstecken, nur teilweise die erhoffte Erleichterung gegen das Gefühl der Leere und Unsicherheit. Also sind Sie, während Sie eine Zigarette rauchen, nervöser und weniger entspannt als ein Nichtraucher.

## MEINE GEDANKEN FÜR HEUTE:

## ICH BIN AUF DEM RICHTIGEN WEG!

MEIN 118. TAG     DATUM:

Man möchte meinen, Raucher würden diese Situation erkennen. Doch wie bei jeder Drogenabhängigkeit ist die Illusion, die Droge würde helfen, umso größer, je mehr sie einen nach unten zieht. Ein Alkoholiker sagte zu seinem Freund: »Wenn du meine Probleme hättest, würdest du genauso viel trinken wie ich.« Daraufhin der Freund: »Wenn ich so viel trinken würde wie du, hätte ich deine Probleme!«

**ICH KANN NUR GEWINNEN!**

DATUM:  MEIN **119.** TAG

Egal, um welche Droge es sich handelt – Nichtraucher, Nichtheroinabhängige und Nichttrinker sehen nur allzu deutlich, dass die Droge keinerlei Vorteile mit sich bringt. Sie ist die Wurzel aller Übel, vor denen der Abhängige fliehen will, indem er die Droge nimmt. Und je mehr die Droge Ihr Leben zerstört und Sie nach unten zieht, umso stärker fühlen Sie sich von dieser illusorischen Stütze abhängig.

ICH SCHAFFE DAS!

## Mein 120. Tag  Datum:

Das Märchen, Rauchen habe Vorteile, ist kaum aus der Welt zu räumen. Es ist aber noch harmlos im Vergleich zu der Vorstellung, es sei schwierig, mit dem Rauchen aufzuhören. Ich bestreite nicht, dass es den meisten Rauchern schwer fällt, wenn nicht gar unmöglich erscheint. Aber das muss nicht so sein.

**Ich verzichte auf nichts!**

DATUM:  MEIN 121. TAG

Warum fällt es Rauchern so schwer, mit anderen Methoden aufzuhören? Um zu entdecken, wie einfach und genussvoll es sein kann, sich mit dieser Methode aus der Nikotinfalle zu befreien! Doch bevor wir fortfahren, müssen wir kurz rekapitulieren.

**MEINE GEDANKEN FÜR HEUTE:**

---
---
---
---
---
---
---

**ICH BIN AUF DEM RICHTIGEN WEG!**

MEIN 122. TAG   DATUM:

Wenn Sie sich im Kopf frei gemacht und alles, was ich bisher gesagt habe, verstanden haben, werden Sie nicht nur feststellen, dass Rauchen keinerlei Vorteile mit sich bringt, sondern auch, dass die »kleine Bestie« das Gefühl der Leere und Unsicherheit erst zum Leben erweckt.

ICH SCHAFFE DAS!

DATUM:                    MEIN  **123.**  TAG

Sie kommen von der Arbeit nach Hause. Sie fühlen sich müde, verschwitzt, schmutzig, hungrig und durstig. Also gehen Sie unter die Dusche, ziehen sich um, gießen sich etwas zu trinken ein, essen zu Abend, legen sich gemütlich auf das Sofa und sehen fern. Wenn Sie nikotinabhängig sind, sind Sie aber erst ganz zufrieden, wenn Sie sich eine Zigarette anstecken und die »kleine Bestie« füttern. Erst dann fühlen Sie sich so richtig entspannt.

ICH VERZICHTE AUF NICHTS!

# MEIN 124. TAG    DATUM:

Doch Sie beseitigen lediglich eine Reihe von Störfaktoren, die dafür verantwortlich sind, dass Sie sich nicht völlig entspannen können: Die Dusche und der Kleiderwechsel beseitigen das Gefühl, verschwitzt und schmutzig zu sein, das Getränk stillt den Durst, das Essen den Hunger. Liegt es nicht klar auf der Hand? Das Einatmen giftigen Rauchs kann keine Entspannung für Sie darstellen. Sie tun es nur, um dieses Gefühl der Leere und Unsicherheit abzustellen, das sich im Verlangen nach einer Zigarette äußert.

## ICH KANN NUR GEWINNEN!

DATUM:                    MEIN **125.** TAG

Machen Sie sich eines klar: Keine Zigarette wird das Gefühl der Leere und Unsicherheit beseitigen, sondern jede einzelne Zigarette verursacht dieses Gefühl. Aus diesem Grund setzt bei Drogen, die zu Abhängigkeit führen, eine Kettenreaktion ein. Ich liebe den Geschmack von Hummer, und doch habe ich nie jenes Stadium erreicht, in dem ich panisch reagiere, wenn mir nicht 20 Hummer an einer Schnur um die Schultern baumeln. Eigentlich würde es mir nicht einmal etwas ausmachen, wenn ich nie wieder einen Hummer bekäme. Ich habe den Geschmack von Zigaretten gehasst, doch allein der Gedanke, sie könnten mir ausgehen, versetzte mich in Panik.

ICH SCHAFFE DAS!

# MEIN 126. TAG   DATUM:

Es ist eine gute Nachricht, dass Rauchen keinerlei Genuss oder Vorteil mit sich bringt. Doch wenn Sie schon einmal das Elend durchgemacht haben, das sich bei dem Versuch, mit Willenskraft aufzuhören, einstellt, wird Sie das kaum trösten. Es könnte Sie sogar dazu verleiten, den Versuch abzubrechen.

## MEINE GEDANKEN FÜR HEUTE:

_____

_____

_____

_____

_____

_____

## ICH BIN AUF DEM RICHTIGEN WEG!

DATUM: MEIN 127. TAG

Das Raffinierte bei jeder Form von Drogenabhängigkeit ist der Umstand, dass die Angst, ohne die Droge auskommen zu müssen, umso größer wird, je weiter sie einen nach unten zieht. Warum wäre sonst der mit Abstand am häufigsten getroffene Vorsatz an Neujahr, mit dem Rauchen aufzuhören? Wenn Sie etwas wirklich tun möchten, schieben Sie es nicht lange hinaus. Raucher, die behaupten, sie würden aufhören, tun das aber. Sie bringen es nicht fertig, heute aufzuhören, also machen sie sich und allen anderen vor, sie würden es morgen tun – auch wenn sie dieses Versprechen schon seit mehreren Jahren ablegen.

**ICH VERZICHTE AUF NICHTS!**

# MEIN 128. TAG    DATUM:

Erlauben Sie mir noch einmal den Hinweis, dass Sie nichts zu verlieren haben. Könnte ich Rauchern doch nur zeigen, wie großartig sie sich bereits drei Wochen nach ihrer letzten Zigarette fühlen werden! Nicht nur was die Gesundheit und Energiereserven betrifft, sondern auch im Hinblick auf Selbstvertrauen und Freiheit. Leider kann ich es nicht. Aber Sie können es! Benutzen Sie einfach Ihren gesunden Menschenverstand und Ihre Vorstellungsgabe.

## ICH KANN NUR GEWINNEN!

Wenden wir uns der Erklärung zu, warum Rauchern das Aufhören so schwer fällt, wenn sie die »Methode Willenskraft« anwenden. Die Gehirnwäsche hat uns zu überzeugen versucht, dass Rauchen wirklich alle diese magischen Vorteile besitzt. Und wenn wir in die Falle geraten sind, scheint die Abhängigkeit die durch die Gehirnwäsche geschaffenen Illusionen zu bestätigen.

**ICH VERZICHTE AUF NICHTS!**

MEIN 130. TAG    DATUM:

Während unser täglicher Zigarettenkonsum allmählich ansteigt und die sich addierenden Folgen des Rauchens unserer Gesundheit und unseren Finanzen immer mehr schaden, dämmert uns, dass auch wir in die Falle getappt sind und es höchste Zeit wird, sich aus ihr zu befreien. Doch die Falle ist so angelegt, dass wir diesen Unglückstag so lange wie möglich hinausschieben.

ICH SCHAFFE DAS!

DATUM:  MEIN 131. TAG

Dazu kommt, dass es unmöglich ist, die winselnden Abstinenzler zu ignorieren – jene Ex-Raucher, die bis ins kleinste Detail beschreiben, wie viele Monate des Elends sie durchmachen mussten und dass sie nun schon seit Jahren abstinent sind. Dabei weisen sie permanent darauf hin, wie sehr sie das Rauchen genossen haben und dass sie noch immer für eine Zigarette »zum Killer werden« könnten.

**MEINE GEDANKEN FÜR HEUTE:**

---
---
---
---
---
---

**ICH BIN AUF DEM RICHTIGEN WEG!**

Es sind genau diese winselnden Ex-Raucher, die dafür verantwortlich scheinen, dass sich die erschreckende Vorstellung festsetzt: »Einmal Raucher, immer Raucher!« So wie manche Menschen die Welt in Schwarz und Weiß, in Protestanten und Katholiken, in Arm und Reich und so weiter aufteilen, habe ich die Welt früher in Raucher und Nichtraucher geteilt. Nichtraucher waren langweilige, unscheinbare Menschen mit einer so großen Angst vor dem Leben, dass sie glücklicher gewesen wären, wenn man sie unter eine sterile Plastikhülle gepackt hätte.

**ICH VERZICHTE AUF NICHTS!**

DATUM:  MEIN 133. TAG

Erst nachdem ich der Nikotinfalle entkommen war, bemerkte ich, dass die meisten meiner Freunde Ex-Raucher waren und einige von ihnen nie geraucht hatten. Die Abhängigkeit von Drogen verursacht diese Ängste und verzerrte Wahrnehmungen.

MEINE GEDANKEN FÜR HEUTE:

ICH BIN AUF DEM RICHTIGEN WEG!

MEIN 134. TAG       DATUM:

Wenn wir dann endlich unseren ganzen Mut zusammennehmen und ernsthaft versuchen, mit dem Rauchen aufzuhören, sind wir zutiefst davon überzeugt, dass es schwer sein wird und wir eine immense Willenskraft aufbringen müssen. Die Gehirnwäsche suggeriert, dass wir eine Zeit der Entbehrung und des Elends von ungewisser Dauer durchzustehen haben, während der wir unser großes Verlangen nach Zigaretten nicht mehr befriedigen dürfen.

ICH SCHAFFE DAS!

DATUM:                    MEIN  135.  TAG

Doch in erster Linie glauben wir, wir müssten einen wirklichen Genuss und/oder eine echte Stütze »aufgeben«. Aber ist mit dem Wort »aufgeben« nicht der Gedanke an Verzicht verbunden? Bei Krebs oder einer anderen Krankheit sprechen wir nicht von »aufgeben«, wir werden geheilt. Und eine Abhängigkeit geben wir nicht auf – wir befreien uns von ihr!

ICH VERZICHTE AUF NICHTS!

# MEIN 136. TAG        DATUM:

Kein Wunder, dass wir beim Aufhören durch Willenskraft in Endzeitstimmung geraten und mit dem Scheitern vor Augen beginnen. Obwohl wir genau wissen, dass wir nicht rauchen mussten, bevor wir in die Falle geraten sind. Und dass uns Rauchen finanziell und gesundheitlich ernsthaft schadet. Nur unsensible oder selbstsüchtige Raucher stellen sich blind bei dem Gedanken, was sie damit ihrer Familie antun.

## ICH KANN NUR GEWINNEN!

DATUM:                    MEIN  **137.**  TAG

Wir machen uns fest entschlossen ans Werk, weil wir wissen, dass Rauchen nichts bringt und es uns als Nichtraucher besser geht. Im Kopf legen wir uns all die überzeugenden Argumente zurecht, die dafür sprechen. Sie klingen alle durch und durch logisch. Doch dann tritt etwas völlig Unlogisches ein. Die »kleine Bestie« wurde nicht gefüttert. Wir kennen nur dieses Gefühl: »Ich will eine Zigarette«. Und weil wir der Meinung sind, ein echtes Opfer zu bringen, fangen wir an, uns nach einer Zigarette zu sehnen.

## MEINE GEDANKEN FÜR HEUTE:

_____

_____

_____

_____

_____

## ICH BIN AUF DEM RICHTIGEN WEG!

# MEIN 138. TAG    DATUM:

Doch wir erlauben uns keine Zigarette. Wir wissen, oder richtiger, wir glauben, dass eine Zigarette das Verlangen befriedigen würde. Was tun Raucher, wenn sie das Gefühl haben, auf etwas verzichten zu müssen, und sich in einer elenden Verfassung befinden? Sie stecken sich natürlich eine Zigarette an. Nun dürfen wir aber keine Zigarette rauchen, also geht es uns noch schlechter. Es ist eine Frage von Ursache und Wirkung. Je elender wir uns fühlen, umso größer wird die Notwendigkeit, diesem Elend ein Ende zu machen. Schließlich ist unsere Willenskraft erschöpft – und wir stecken uns eine an.

## ICH VERZICHTE AUF NICHTS!

Ich schlug mit dem Kopf gegen die Wand, weil ich hoffte, meine Frau oder eines meiner Kinder würde sagen: »Ich ertrage es nicht mehr, dich in dieser Verfassung zu sehen! Bitte rauche eine Zigarette!« Das war die Aufforderung, auf die ich gewartet habe. Ich litt nicht unter körperlichen Schmerzen, wollte aber aufgeben. Und ich legte mir die Ausrede zurecht: »Ich gebe nicht auf, weil ich willensschwach bin, sondern weil ich meiner Familie so auf die Nerven gehe.«

**ICH KANN NUR GEWINNEN!**

MEIN 140. TAG     DATUM:

So entsteht der Irrglaube, Raucher würden unter schlimmen körperlichen Entzugserscheinungen leiden, wenn sie versuchen, ohne Nikotin auszukommen. Ich will das Elend, das Raucher in dieser Zeit durchmachen, nicht verniedlichen, aber es ist mental, nicht körperlich. Einer der großen Vorteile meiner Methode ist, dass wir die mentalen Qualen abstellen, bevor wir die letzte Zigarette ausdrücken.

ICH SCHAFFE DAS!

DATUM:                                MEIN 141. TAG

Die meisten Versuche, mit Willenskraft aufzuhören, enden in einem Kompromiss: »Ich kann mich dem Leben nicht ganz ohne Zigaretten stellen, also schränke ich meinen Konsum auf fünf Stück am Tag ein.« Oder: »Ab heute rauche ich nur noch zu bestimmten Gelegenheiten.« Den Konsum einzuschränken klingt vernünftig, doch lassen Sie mich erklären, warum es nicht funktionieren kann.

MEINE GEDANKEN FÜR HEUTE:

---
---
---
---
---
---

ICH BIN AUF DEM RICHTIGEN WEG!

MEIN 142. TAG     DATUM:

Wir waren alle Gelegenheitsraucher, als wir zu rauchen anfingen, und schienen mit diesem Zustand ganz glücklich gewesen zu sein. Deshalb glauben wir, es uns nur »angewöhnt« zu haben, zu viel zu rauchen. Wir denken, wenn wir die Menge zurückschrauben und wieder auf fünf Zigaretten täglich kommen, wird es sehr bald wieder Gewohnheit sein, auch nur fünf am Tag zu wollen oder zu brauchen. Das klingt logisch, funktioniert aber nicht.

ICH VERZICHTE AUF NICHTS!

DATUM: MEIN **143.** TAG

Wir rauchen nicht aus Gewohnheit, sondern um die »kleine Bestie« zu füttern. Es ist wie bei allen zur Abhängigkeit führenden Drogen: Da unser Körper allmählich immun dagegen wird, müssen wir im Lauf der Zeit immer mehr rauchen, anstatt weniger. Stellen Sie sich die »kleine Bestie« als kaum spürbares Jucken vor. Die natürliche Reaktion darauf ist, sich an der betreffenden Stelle zu kratzen.

ICH KANN NUR GEWINNEN!

MEIN 144. TAG          DATUM:

Wenn Sie Raucher fragen: »Brauchen Sie eine Zigarette?«, lautet die Antwort oft: »Brauchen nicht, aber wollen.« Diese Unterscheidung ist ihnen wichtig. »Brauchen« impliziert eine Abhängigkeit, »wollen« oder »gerne haben« weist darauf hin, dass sie alles unter Kontrolle haben. Tatsächlich aber sind »brauchen« und »wollen« dasselbe. Wenn Sie ein Jucken verspüren, haben Sie das Bedürfnis, sich zu kratzen. Dieses Bedürfnis führt dazu, dass Sie sich kratzen wollen.

ICH SCHAFFE DAS!

DATUM:  MEIN 145. TAG

Sie haben sich bestimmt schon gefragt, warum manche Raucher offensichtlich mit nur fünf Zigaretten am Tag auskommen, während andere (wie ich, als ich noch Raucher war) eine nach der anderen rauchen müssen. Mir war das immer ein Rätsel. Doch die Antwort darauf ist ziemlich einfach. Es ist das ständige Tauziehen, das alle Raucher mitmachen. Die eine Hälfte unseres Verstandes sagt uns: »Diese ekelhafte Gewohnheit bringt mich um und kostet mich ein Vermögen«. Die andere Hälfte sagt: »Aber ich brauche eine Zigarette!«

ICH KANN NUR GEWINNEN!

MEIN 146. TAG        DATUM:

Manche Menschen können es sich nicht leisten, so viel zu rauchen, wie sie gerne möchten. Andere limitieren ihren Konsum, weil ihre Lunge diese Menge Gift einfach nicht verträgt oder weil sie Angst haben, Krebs, Emphyseme oder Herzprobleme zu bekommen. Und beschließen nicht deshalb so viele Leute, an Neujahr mit dem Rauchen aufzuhören, weil sogar Gelegenheitsraucher nach den Weihnachts- und Silvesterfeiern mit einem Hals aufwachen, der sich wie ein ausgetrocknetes Flussbett anfühlt?

ICH VERZICHTE AUF NICHTS!

DATUM:                              MEIN 147. TAG

Alle starken Raucher beneiden die Gelegenheitsraucher. Wenn in einem unserer Kurse ein Raucher erklärt, er rauche nur zwei Zigaretten pro Tag oder nur beim Ausgehen, starren ihn die anderen ungläubig an. Und immer sagt einer von ihnen sinngemäß: »Aber warum zum Teufel wollen Sie dann aufhören? Ich träume davon, nur zwei Zigaretten am Tag zu brauchen!«

MEINE GEDANKEN FÜR HEUTE:

ICH BIN AUF DEM RICHTIGEN WEG!

MEIN 148. TAG     DATUM:

Wenn Sie bisher meine Anweisungen befolgt, sich im Kopf frei gemacht und nicht nur Ihr eigenes Rauchverhalten, sondern auch das anderer beobachtet haben, vermuten Sie wahrscheinlich schon, dass es so etwas wie einen glücklichen Raucher nicht gibt.

ICH SCHAFFE DAS!

DATUM:   MEIN 149. TAG

Es ist nachvollziehbar, dass ein Kettenraucher seine Kinder davon abhalten möchte, in die Falle zu tappen. Aber warum ermutigen anscheinend glückliche Gelegenheitsraucher ihre Kinder und Enkel nicht, sich ebenfalls diese immensen Genüsse des Rauchens zu gönnen? Schließlich sind die Risiken und die Kosten zu vernachlässigen, wenn man nur zwei Zigaretten täglich raucht. Und warum suchen solche Raucher Hilfe in unseren Nichtraucherkursen?

ICH KANN NUR GEWINNEN!

MEIN 150. TAG    DATUM:

Sie müssen sich auch unbedingt klarmachen, dass alle Raucher Lügner sind. Wir können in jeder Hinsicht aufrichtige, ehrliche Bürger sein, doch wenn es um das Rauchen geht, müssen wir lügen. Wir wissen, dass es sich um einen gefährlichen, teuren und ekelhaften Zeitvertreib handelt. Und wir wissen intuitiv, dass wir in eine Falle geraten sind, aus der wir keinen Ausweg finden.

**ICH VERZICHTE AUF NICHTS!**

DATUM:  MEIN 151. TAG

Angenommen, Sie würden bei jeder Zigarette daran denken, dass Sie Ihre Lunge mit ekelhaftem, abscheulichem Rauch füllen, dass genau diese Zigarette diejenige sein könnte, die Lungenkrebs auslöst, und dass ein Raucher, der am Tag durchschnittlich 20 Zigaretten raucht, im Laufe seines Lebens 75.000 Euro dafür ausgibt. Glauben Sie, Sie würden dann noch der Illusion erliegen, diese Zigarette zu genießen? – Also vermeiden wir solche Gedanken. Und da wir uns dumm und schwach vorkommen, weil wir Raucher sind, und weil wir uns einen spärlichen Rest von Selbstachtung und den Respekt anderer erhalten wollen, erfinden wir fadenscheinige Ausreden, um zu rechtfertigen, warum wir immer noch rauchen. Ausreden, die schon ein vierjähriges Kind durchschaut.

ICH SCHAFFE DAS!

# MEIN 152. TAG          DATUM:

Warum wollen Gelegenheitsraucher aufhören? Beobachten Sie sie einmal beim Ausgehen. Sie erzählen Ihnen, wie froh sie sind, dass sie nur fünf Zigaretten am Tag rauchen müssen. Aber viele von ihnen rauchen auf der Party Kette – genau wie alle anderen Raucher.

## MEINE GEDANKEN FÜR HEUTE:

---

## ICH BIN AUF DEM RICHTIGEN WEG!

Und wenn Rauchen wirklich so ein Genuss ist und eine so große Hilfe, warum prahlen Raucher dann damit, wie wenig sie rauchen? Wenn ich zu Ihnen sagen würde: »Wissen Sie, ich halte es eine ganze Woche ohne Erbsen aus, und es macht mir rein gar nichts.« Was würde ich Ihnen damit im Grunde mitteilen? Dass ich kein Problem mit Erbsen habe? Aber warum müsste ich eine solche Aussage treffen, wenn das der Fall wäre?

ICH VERZICHTE AUF NICHTS!

# MEIN 154. TAG          DATUM:

Wenn ein Raucher sagt: »Ich halte es eine ganze Woche ohne Zigaretten aus, und es macht mir rein gar nichts«, will er nicht Sie überzeugen, sondern sich selbst. Wenn es ihm »rein gar nichts« ausmacht, warum muss er es dann überhaupt erwähnen? Um sich überlegen zu fühlen? Nein. Es stört ihn, dass er raucht, und er versucht, sich zu rechtfertigen. Und er kann mit allem Grund stolz auf sich sein – für einen Nikotinabhängigen ist es beachtlich, wenn er es eine ganze Woche lang aushält, sich nicht an der juckenden Stelle zu kratzen!

**ICH KANN NUR GEWINNEN!**

DATUM:  MEIN 155. TAG

Aber warum hat er das Bedürfnis, sich wieder eine Zigarette anzustecken, wenn er es eine Woche lang ohne Probleme geschafft hat, nicht zu rauchen? Mal ehrlich: Entweder Sie genießen eine Zigarette oder Sie genießen sie nicht. Wenn Sie eine Zigarette genießen, und es stört Sie nicht, dass Sie rauchen, gibt es doch auch keinen Grund, sich diesen Genuss eine ganze Woche lang zu versagen, oder? Genau betrachtet sind die Ausreden von Gelegenheitsrauchern ebenso unlogisch wie die der starken Raucher.

ICH SCHAFFE DAS!

MEIN 156. TAG     DATUM:

In Wirklichkeit sind Gelegenheitsraucher noch stärker abhängig und noch schlimmer dran als starke Raucher. Schwer zu glauben, aber wahr. Der einzige Genuss, in den Raucher beim Anzünden einer Zigarette jemals kommen, besteht darin, dass sie sich an der juckenden Stelle kratzen. Wenn Sie rauchen können, wann immer Ihnen danach ist, verschaffen Sie sich wirksame Abhilfe gegen das Jucken. Es ist der gleiche Effekt wie wenn Sie Ihren Hunger stillen, sobald er sich bemerkbar macht.

!

ICH VERZICHTE AUF NICHTS!

DATUM:                                    MEIN **157.** TAG

Nehmen wir an, Sie sind hungrig und das wunderbare Aroma Ihres Lieblingsgerichts verbreitet sich in der Küche. Doch dann fällt der Strom aus, und es kann noch Stunden dauern, bis das Essen fertig wird. Sie erleiden keinen körperlichen Schmerz. Vielleicht knurrt der Magen, aber das tut nicht wirklich weh. Und trotzdem könnte man die Phase des Wartens als Folter bezeichnen. Und schmeckt dieses Essen nicht doppelt so gut, wenn Sie schließlich Ihren Hunger damit stillen können?

**MEINE GEDANKEN FÜR HEUTE:**

_____

_____

_____

_____

_____


**ICH BIN AUF DEM RICHTIGEN WEG!**

MEIN 158. TAG    DATUM:

Genauso geht es Rauchern, die sich vornehmen, aus welchen Gründen auch immer, nicht sofort zu rauchen, wenn die »kleine Bestie« nach Futter schreit. Wenn Sie sich eine Zigarette anstecken, sobald Sie ein Verlangen danach verspüren, bestimmt die »kleine Bestie« zwar auch über ihr Leben, aber die Wirkung ist nicht so gravierend. Doch wenn Sie sich nicht zugestehen, sofort die juckende Stelle zu kratzen, werden Sie Ihr Leben damit verbringen, immer auf den nächsten Schuss zu warten.

⌟

**ICH KANN NUR GEWINNEN!**

DATUM:                    MEIN  **159.**  TAG

Je mehr wir rauchen, umso mehr schaden wir unserer Gesundheit und unserem Geldbeutel – und umso größer wird der Wunsch, aufzuhören. Die einzige Illusion von Genuss, die uns das Rauchen vermittelt, entsteht aus dem Versuch, die »kleine Bestie« zufrieden zu stellen. Schieben wir das Kratzen hinaus, gewinnt die Illusion an Kraft. Daher gilt: Je weniger wir rauchen, umso geringer wird unser Wunsch, aufzuhören – und umso größer die Illusion des Genusses.

ICH VERZICHTE AUF NICHTS!

MEIN 160. TAG    DATUM:

Wenn Eltern ihren Kindern raten, »aufzuhören, so lange es noch geht«, zeigt das wenig Wirkung. Ihr Konsum ist in diesem Stadium noch relativ gering. Sowohl körperlich als auch finanziell bereitet das Rauchen keine Probleme. Die Kinder sind überzeugt – wie alle Raucher es einmal waren –, sie würden sofort aufhören, wenn das Rauchen sie gesundheitlich beeinträchtigen würde.

**ICH SCHAFFE DAS!**

DATUM:  MEIN 161. TAG

Früher oder später kommen alle Drogenabhängigen an einen Punkt, den ich als kritisch bezeichne. Das ist die Phase, in der die gesundheitlichen und finanziellen Auswirkungen des Rauchens stärker wiegen als die illusorischen Vorteile. Also beschließen wir, weniger zu rauchen. Sie erinnern sich: Bei allen abhängig machenden Drogen besteht die Tendenz, immer mehr zu wollen, nicht weniger. Während ein Teil unseres Körpers und Gehirns den Konsum erhöhen muss, signalisiert ein anderer Teil: »Nein, rauche weniger!« Ein aufreibender Zwiespalt! Von diesem Punkt an fühlen Raucher sich elend, wenn sie rauchen, und ebenso elend, wenn sie es nicht tun.

## MEINE GEDANKEN FÜR HEUTE:

_____

_____

_____

_____

## ICH BIN AUF DEM RICHTIGEN WEG!

MEIN 162. TAG    DATUM:

Können Sie sich vorstellen, wie kostbar eine Mahlzeit wäre, wenn Sie nur einmal am Tag essen würden? Können Sie sich vorstellen, wie viel größer die Illusion des Genusses wäre, wenn Sie sich jeden Tag nur eine Zigarette zugestehen würden? Erscheint Ihnen diese Vorstellung noch immer erstrebenswert, dann denken Sie daran, dass der einzige Genuss, der sich einem Raucher bietet, darin besteht, dass dieses schreckliche Verlangen nach einer Zigarette ein Ende hat.

**ICH KANN NUR GEWINNEN!**

Aus diesem Grund befinden sich Gelegenheitsraucher noch viel tiefer in der Klemme als starke Raucher. Je weniger Sie rauchen, umso weniger schadet es Ihrer Gesundheit und Ihrem Geldbeutel, und umso geringer ist folglich der Wunsch, aufzuhören. Und je länger Sie sich nach einer Zigarette sehnen, umso größer ist die Illusion, Rauchen sei eine Stütze oder ein Genuss, und umso geringer ist der Wunsch, aufzuhören.

ICH SCHAFFE DAS!

# MEIN 164. TAG    DATUM:

Es liegt in der Natur jeder Art von Drogenabhängigkeit, dass man immer mehr von der Droge konsumieren will, anstatt weniger. Um den Konsum erfolgreich einzuschränken, müssten Sie Ihr ganzes weiteres Leben lang Willenskraft und Disziplin einsetzen. Aber wenn Sie schon nicht genug Willenskraft aufbringen, um aufzuhören, woher sollten Sie dann die nötige Willenskraft nehmen, wenn Sie Ihr ganzes weiteres Leben lang weniger rauchen wollen?

**ICH SCHAFFE DAS!**

DATUM:   MEIN 165. TAG

Zum Glück benötigen Sie bei meiner Methode keine Willenskraft, um aufzuhören. Aber nehmen wir an, ich könnte es so einrichten, dass Sie jedes Jahr nur eine einzige Zigarette brauchen. Würde Sie das glücklich machen? Würden Sie wirklich ein ganzes Jahr lang warten, bis Sie Ihr Verlangen stillen dürfen, wenn Sie das Rauchen einer Zigarette tatsächlich genießen würden? Und warum sollten Sie eine Zigarette rauchen wollen, wenn Sie diese gar nicht genießen?

ICH VERZICHTE AUF NICHTS!

# MEIN 166. TAG    DATUM:

Ich hoffe, nun fällt allmählich der Groschen. Hat Nikotin einmal Ihr Leben dominiert, ist die Aussicht, nie mehr eine Zigarette rauchen zu dürfen, ziemlich bedrohlich. Aber wirkt die Vorstellung, sich niemals im Leben eine Dosis Heroin spritzen zu dürfen, bedrohlich auf Sie? Oder nie mehr eine Flasche billigen Fusel in einer üblen Spelunke leeren zu dürfen? Natürlich nicht. Aber genauso geht es den Menschen, die von Heroin und Alkohol abhängig sind.

## ICH KANN NUR GEWINNEN!

Menschen, die in missbräuchlichen Beziehungen leben, verhalten sich sehr ähnlich. Sie hassen vielleicht die Person, von der sie missbraucht werden, doch die Angst vor einer ungewissen Situation oder etwas anderem ist so groß, dass sie sich nicht daraus befreien können. Angst ruft Zweifel hervor und lähmt unsere Fähigkeit, vernünftig zu denken. Ehe Sie Raucher wurden, kannten Sie diese Angst nicht. Sie können die Zigaretten für das Entstehen dieser Angst verantwortlich machen. Wenn Sie Nichtraucher werden, verschwindet diese Angst. Diese Vorstellungen – oder die Gehirnwäsche in Bezug auf das Rauchen – werden durch die körperliche Abhängigkeit ausgelöst.

ICH VERZICHTE AUF NICHTS!

MEIN 168. TAG     DATUM:

Worin besteht tatsächlich der Unterschied zwischen einem Raucher und einem Nichtraucher? Der eine raucht, der andere nicht? Falsch! Der wahre Unterschied besteht darin, dass der eine nicht den Wunsch hat, zu rauchen, der andere aber schon. Das ist auch der Punkt, an dem Raucher, die mit Willenskraft aufhören wollen, den falschen Weg einschlagen – sie versuchen, nicht mehr zu rauchen. Manchen gelingt es tatsächlich. Ihre Willenskraft kann ich nur bewundern.

MEINE GEDANKEN FÜR HEUTE:

---
---
---
---
---
---

ICH BIN AUF DEM RICHTIGEN WEG!

Doch ich beneide sie nicht, ich empfinde allenfalls Mitleid. Gibt es etwas Schlimmeres, als ein ganzes weiteres Leben lang das Gefühl zu haben, auf einen großen Genuss zu verzichten und der Versuchung widerstehen zu müssen? Der wahre Unterschied zwischen Rauchern und Nichtrauchern besteht darin, dass sich Nichtraucher ebenso wenig wünschen, krebserregenden Rauch in die Lunge einzuatmen, wie sich Heroin zu spritzen.

**ICH VERZICHTE AUF NICHTS!**

MEIN 170. TAG     DATUM:

Wenn Sie auch nur eine einzige Zigarette als eine Art Genuss oder Hilfe betrachten, werden Sie es auch mit Millionen anderer Zigaretten tun. Sie haben zwei Möglichkeiten: Entweder Sie verbringen Ihr restliches Leben in dem vergeblichen Bemühen, der Versuchung zu widerstehen, oder Sie bleiben in der Nikotinfalle gefangen und tauchen eines Tages als statistische Zahl auf.

ICH KANN NUR GEWINNEN!

DATUM:  MEIN 171. TAG

Zum Glück gibt es noch eine dritte Möglichkeit: Durchschauen Sie die Gehirnwäsche, und sehen Sie das Rauchen so wie Sie es taten, bevor Sie in die Falle geraten sind. Dann werden Sie Ihre letzte Zigarette ohne ein Gefühl von Angst, Beklemmung oder Entsagung ausdrücken. Sie werden nicht mehr denken: »Jetzt darf ich mir nie wieder eine Zigarette anstecken«, sondern voller Erleichterung, Siegesgefühl, Aufregung und Hochstimmung ausrufen: »Es ist einfach wunderbar! Endlich habe ich mich aus der Nikotinfalle befreit! Nie mehr muss ich mein schwer verdientes Geld dafür ausgeben, dass ich diesen abscheulichen Rauch einatmen kann!«

ICH SCHAFFE DAS!

## MEIN 172. TAG   DATUM:

Warum ist das Aufhören mit meiner Methode nicht nur leicht, sondern eine wahre Freude? Weil das Aufhören an sich leicht und eine wahre Freude ist! Meine Methode trägt dazu bei, alle Illusionen zu beseitigen, die es so schwer machen, mit Willenskraft aufzuhören. Mit Willenskraft drücken wir die Zigarette aus, von der wir hoffen, es ist unsere letzte. Und wir hoffen auch, so lange durchzuhalten, bis das Verlangen aufhört – vorausgesetzt, wir verfügen über die nötige Willenskraft.

## MEINE GEDANKEN FÜR HEUTE:

---
---
---
---
---
---

## ICH BIN AUF DEM RICHTIGEN WEG!

DATUM:  MEIN 173. TAG

Aber warum sollte das Verlangen aufhören? Sie sind der Meinung, Rauchen fördere die Konzentration und die Entspannung, wirke gegen Langeweile, Stress und nervliche Anspannung. Es gibt also zunächst keinen Grund, warum Sie dies nicht auch noch glauben sollten, nachdem Sie aufgehört haben. Wenn Sie davon überzeugt sind, dass Ihnen das Aufhören schwer fallen wird, dann wird es Ihnen ganz sicher auch schwer fallen. Wenn Sie schon in Endzeitstimmung damit beginnen, warum sollte sich diese später auflösen?

ICH KANN NUR GEWINNEN!

MEIN 174. TAG    DATUM:

Wenn Sie mit Willenskraft aufhören wollen, legen Sie sich selbst eine Strafe auf, und es geht Ihnen wie einem Kind, das keine Schokolade mehr bekommt. Je willensstärker dieses Kind ist, umso dringlicher ist sein Wunsch nach Schokolade.

**ICH VERZICHTE AUF NICHTS!**

DATUM:  MEIN 175. TAG

Sie können argumentieren, dass Sie sich schon bald gesünder fühlen und über mehr Energie und Geld verfügen werden. Richtig. Aber damit schieben Sie nur die Gründe weg, aus denen Sie ursprünglich aufhören wollten. Wenn Sie nach wie vor glauben, eine Zigarette steigere den Genuss einer Mahlzeit oder baue Stress ab, macht Sie das anfälliger für Gedanken wie: »Ab und zu eine Zigarette kann doch sicher keinen großen Schaden anrichten.«

MEINE GEDANKEN FÜR HEUTE:

ICH BIN AUF DEM RICHTIGEN WEG!

MEIN 176. TAG     DATUM:

Irgendwann fühlen Sie sich dann sicher genug, wieder einmal nur eine einzige Zigarette zu rauchen, um zu sehen wie sie schmeckt. Der Geschmack wird komisch bis widerlich sein, so wie damals die allerersten Zigaretten geschmeckt haben. Sie denken: »Wie konnte ich jemals von diesen ekelhaften Dingern abhängig sein?« Nun fühlen Sie sich vollkommen sicher. Doch einige Wochen später sind Sie mit Freunden unterwegs, die rauchen. Merkwürdigerweise verspüren Sie wieder ein gewisses Verlangen nach einer Zigarette und meinen: »Was soll's? Vor drei Wochen habe ich auch eine geraucht und wurde nicht rückfällig.«

ICH SCHAFFE DAS!

DATUM:                    MEIN 177. TAG

Sie werden es kaum bemerken, aber damit sind Sie bereits rückfällig geworden. Sie sind in die gleiche Falle geraten wie damals als Jugendlicher. Die Droge bekommt Sie wieder in die Fänge, und es wird so langsam und schrittweise geschehen, dass es Ihnen gar nicht auffällt. Bald werden Sie wieder in demselben Stadium sein wie zu dem Zeitpunkt, als Sie es »aufgaben«, und Sie werden dieselben Ausreden anbringen, warum Sie nicht schon heute aufhören, sondern erst morgen.

## MEINE GEDANKEN FÜR HEUTE:

ICH BIN AUF DEM RICHTIGEN WEG!

MEIN 178. TAG    DATUM:

Es ist traurig, aber viele rückfällige Ex-Raucher sind schon einmal viele Jahre ohne Zigaretten zufrieden gewesen. Gehören auch Sie dazu? Vielleicht tröstet es Sie, wenn ich Ihnen sage, dass ich keine einzige Person kenne, die es nicht bedauert hat, wieder angefangen zu haben. Und wenn ich sie frage, warum sie wieder angefangen hat, lautet die Antwort immer: »Ich war einfach ein Idiot!« Beneiden Sie niemals Raucher – haben Sie Mitleid mit ihnen.

ICH KANN NUR GEWINNEN!

DATUM:  MEIN 179. TAG

Noch einmal zur Erinnerung: Mit meiner Methode fällt das Aufhören leicht – und es macht sogar Spaß! Sie bewirkt nichts anderes, als die Illusionen zu beseitigen, die das Aufhören schwierig machen. Wenn wir auf unsere Willenskraft vertrauen, drücken wir die – hoffentlich – letzte Zigarette aus und wünschen uns, so lange durchzuhalten, bis das Verlangen aufhört – immer vorausgesetzt, die Willenskraft lässt uns nicht im Stich.

ICH SCHAFFE DAS!

MEIN 180. TAG    DATUM:

Fassen wir die »Methode Willenskraft« zusammen: In Endzeitstimmung drücken wir die Zigarette aus, von der wir hoffen, sie sei unsere letzte, und wünschen uns – vorausgesetzt wir bringen genügend Willenskraft auf, um das Elend lange genug durchzustehen –, dass wir eines Morgens aufwachen und rufen: »Endlich, es ist vorbei!«

ICH VERZICHTE AUF NICHTS!

DATUM:  MEIN 181. TAG

Doch das ist absurd. Können Sie sich etwas Idiotischeres vorstellen als eines Tages zu sagen: »Ich möchte nie wieder rauchen!«, und die folgenden Tage, möglicherweise sogar Ihr weiteres Leben lang, zu denken: »Eine Zigarette wäre jetzt toll!« Ich will damit nicht sagen, dass Raucher Idioten sind, aber der geniale Mechanismus der Falle bringt sie dazu, sich idiotisch zu verhalten. Ich darf aber zwischendurch gratulieren: Sie haben die Hälfte des Weges geschafft! Von nun an müssen Sie sich weder idiotisch fühlen noch idiotisch handeln.

ICH SCHAFFE DAS!

# MEIN 182. TAG    DATUM:

Wenn Sie das Rauchen mit einer Methode »aufgeben« wollen, die auf Willenskraft basiert, wissen Sie über die wahre Funktion der Nikotinfalle genauso wenig Bescheid wie zuvor. Sie sind sich nicht einmal der Existenz der »kleinen Bestie« bewusst.

## MEINE GEDANKEN FÜR HEUTE:

---

---

---

---

---

---

---

## ICH BIN AUF DEM RICHTIGEN WEG!

DATUM:  MEIN 183. TAG

Das kann sehr verwirrend sein, weil Sie sich in Ihrem Kopf all die wirklich schlagkräftigen Argumente gegen das Rauchen zurechtgelegt haben. Sie haben sich vielleicht auch gefragt, wo der Genuss bleibt, wenn man ekelhaften Rauch in die Lunge einatmet. Und kaum haben Sie Ihre letzte Zigarette ausgedrückt, macht sich das Gefühl breit: »Ich brauche/möchte eine Zigarette.« Weil Sie sich, wie gesagt, der Existenz der »kleinen Bestie« nicht einmal bewusst sind, und weil Sie wissen, dass eine Zigarette dieses unangenehme Gefühl beseitigt, fangen Sie an, sich nach einer zu sehnen.

**ICH KANN NUR GEWINNEN!**

MEIN 184. TAG        DATUM:

Warum aber sollte sich ein Mensch nach einer Zigarette sehnen, wenn sie nicht doch Hilfe oder Genuss bieten würde? Ja warum? Also bewirkt ein Aufhören mit Willenskraft nicht, dass die Illusion des Stressabbaus und der Entspannung zerstört wird, sondern stärkt sie nur noch mehr.

## MEINE GEDANKEN FÜR HEUTE:

---

---

---

---

---

---

---

## ICH BIN AUF DEM RICHTIGEN WEG!

DATUM:  MEIN 185. TAG

Wenn Ihre Arbeit große Konzentration erfordert, werden Sie ein Problem haben, wenn die eine Hälfte Ihres Gehirns rauchen will und die andere Hälfte es nicht erlaubt. Besonders dann, wenn Sie glauben, Rauchen fördere die Konzentration. Daher verstärkt die »Methode Willenskraft« die Illusion, dass Rauchen die Konzentration fördert.

ICH VERZICHTE AUF NICHTS!

MEIN 186. TAG     DATUM:

Die Annahme, ich sei ohne Zigarette nicht einsatzfähig oder könne mich nicht konzentrieren, war der Hauptgrund, warum ich bei dem Versuch, mit Willenskraft aufzuhören, scheiterte. Selbst als ich die Nikotinfalle durchschaut und erkannt hatte, dass Rauchen die Konzentration nicht fördert, sondern sogar beeinträchtigt, wurde mir erst klar, wie dumm ich gewesen war, als mein Kollege Robin Hayles den Trugschluss in anschauliche Worte kleidete.

ICH KANN NUR GEWINNEN!

Er sagte: »Allen, stell dir vor, du gehst zu einem Vorstellungsgespräch und man sagt dir dort: ‚Diese Arbeit erfordert ein hohes Maß an Konzentrationsfähigkeit. Man geht allgemein davon aus, dass Rauchen die Konzentration fördert. Daher möchten wir, dass Sie bei uns rauchen, auch wenn Sie bis jetzt Nichtraucher gewesen sind. Nur dann, wenn intensive Konzentration erforderlich ist, versteht sich!'« Der Gedanke ist absolut lächerlich.

ICH SCHAFFE DAS!

MEIN 188. TAG     DATUM:

Ich hasse Zahnarztbesuche und medizinische Untersuchungen und kann mir heute kaum vorstellen, dass ich in der Schule die regelmäßigen ärztlichen Konsultationen gerne mochte. Damals war ich Gesundheitsfanatiker und hatte die Einstellung: »Sucht so viel ihr wollt, ihr werdet in diesem Körper nichts finden, was nicht in Ordnung ist.« Sie können daraus schließen, dass man sich als junger Mensch für unverwundbar hält. Und genau das ist der Punkt – ich hielt mich tatsächlich für unverwundbar.

ICH KANN NUR GEWINNEN!

DATUM:  MEIN **189.** TAG

Kann es Zufall sein, dass dieses Gefühl der Unverwundbarkeit ein Ende hatte, als ich in die Nikotinfalle geriet? Nehmen wir an, es ist Montagmorgen, Sie haben Schmerzen in der Brust und Ihr Allgemeinarzt hat für Sie einen Untersuchungstermin im örtlichen Krankenhaus vereinbart. Egal, ob Sie nun Raucher oder Nichtraucher sind, Sie würden eine gewisse Befangenheit empfinden. Wenn Sie Raucher sind, wäre diese Befangenheit aus zweierlei Gründen noch größer. Erstens, weil Sie alle Warnungen in den Wind geschlagen haben und nun befürchten, die Schmerzen könnten Krebs bedeuten. Zweitens, weil Sie bereits acht Stunden ohne Nikotin zugebracht haben und die »kleine Bestie« laut danach schreit, gefüttert zu werden.

ICH VERZICHTE AUF NICHTS!

MEIN 190. TAG    DATUM:

Wenn Raucher nervös sind oder unter Stress stehen, greifen sie automatisch zu einer Zigarette, und wenn sie sich die Zigarette anzünden, sind sie nicht mehr so nervös wie noch einen Moment zuvor. Dies verstärkt die Illusion, Rauchen helfe gegen Stress. Aber wären Sie zum Lachen aufgelegt und glücklich und würden Sie sich auf den Besuch im Krankenhaus freuen? Selbstverständlich nicht! Selbst während des Rauchens dieser Zigarette wären Sie befangener gewesen als der Nichtraucher. Und das aus gutem Grund.

ICH SCHAFFE DAS!

Bedenken Sie auch, dass Sie im Krankenhaus nicht rauchen dürften und daher unter diesem Gefühl der Leere und Unsicherheit leiden müssten, das die »kleine Bestie« auslöst. Es scheint Rauchern nie aufzufallen, dass sie in besonderen Stresssituationen, wie bei Besuchen beim Zahnarzt oder Arzt, nichts gegen ihre Entzugserscheinungen unternehmen dürfen.

ICH KANN NUR GEWINNEN!

MEIN 192. TAG        DATUM:

Raucher sind nicht in der Lage, das von der »kleinen Bestie« verursachte Gefühl der Leere und Unsicherheit von dem Gefühl des Hungers oder der Unsicherheit – verursacht durch ganz normalen Stress – zu unterscheiden. Selbst wenn die »kleine Bestie« schon lange tot ist, denken Ex-Raucher bei ganz normalem Stress nach wie vor daran, sich eine Zigarette anzustecken. Das bringt uns zu einem weiteren Grund, warum es praktisch unmöglich ist, mit Willenskraft aufzuhören.

ICH VERZICHTE AUF NICHTS!

DATUM:                                    MEIN 193. TAG

Wann wissen Sie, ob es Ihnen gelungen ist, das Rauchen »aufzugeben«? Wenn Sie sich das Ziel setzen, ein Jahr lang nicht zu rauchen, und dieses ganze Jahr über abstinent geblieben sind, können Sie sagen, ob Sie es geschafft haben.

## MEINE GEDANKEN FÜR HEUTE:

_____

_____

_____

_____

_____

_____

_____

## ICH BIN AUF DEM RICHTIGEN WEG!

MEIN 194. TAG    DATUM:

Wenn Sie nun vorhaben, für immer aufzuhören, können Sie folglich erst am Ende Ihres Lebens sicher sein, Ihr Ziel erreicht zu haben, oder? Und selbst dann wären Sie sich nicht ganz im Klaren darüber oder könnten sich darüber freuen. Wenn Sie tot sind, wird Sie niemand mehr auf Ihrem Handy anrufen und sagen: »Gratuliere! Du hast dich doch tatsächlich aus der Nikotinfalle befreit!«

ICH KANN NUR GEWINNEN!

Ich frage noch einmal: Wie wissen Raucher, die durch Willenskraft aufhören, dass sie sich tatsächlich aus der Nikotinfalle befreit haben? Ich vermute, nie. Ich will nicht leugnen, dass Millionen Raucher die Qualen der »Methode Willenskraft« durchlebt und nie mehr wieder zu rauchen angefangen haben. Doch Millionen anderer waren einmal ebenso entschlossen und sind doch rückfällig geworden.

**ICH SCHAFFE DAS!**

MEIN 196. TAG    DATUM:

Wenden wir uns der Frage genauer zu: Wann wissen Sie sicher, dass Sie es geschafft haben? Manche so genannten Experten würden sagen, Sie haben es geschafft, wenn Sie ein Jahr lang abstinent gewesen sind. Aber was könnte unwissenschaftlicher sein, als einen willkürlich festgelegten Zeitraum zu nennen, ohne stichhaltige Gründe dafür anzuführen? Insbesondere, wenn es ehemalige Raucher gibt, die mehr als zehn Jahre nicht geraucht haben und dann in unsere Kurse kommen, weil sie noch immer gegen die Versuchung kämpfen.

ICH VERZICHTE AUF NICHTS!

DATUM:  MEIN 197. TAG

Können Sie sicher sein, es geschafft zu haben, wenn Sie mit Freunden feiern oder ein Telefonat führen können, ohne nach einer Zigarette zu lechzen? Woher wollen Sie wissen, dass sich nicht in der folgenden Woche, im folgenden Monat oder Jahr wieder das Verlangen nach einer Zigarette meldet? Ich finde, wenn man etwas Positives geschafft hat, wie zum Beispiel das Bestehen der Führerscheinprüfung, weiß man genau, wann das Ziel erreicht ist.

ICH KANN NUR GEWINNEN!

# MEIN 198. TAG    DATUM:

Aber wie sollte man jemals feststellen können, dass man etwas Negatives erreicht hat, zum Beispiel nie mehr rauchen zu wollen? Warten Sie dann nicht Ihr ganzes weiteres Leben ab, ob Sie nicht doch wieder einmal rauchen? Oder formulieren wir es anders: Sie warten Ihr weiteres Leben darauf, dass etwas nicht passiert.

## MEINE GEDANKEN FÜR HEUTE:

---

---

---

---

---

---

## ICH BIN AUF DEM RICHTIGEN WEG!

Vielleicht befürchten Sie, dass Sie mit meiner Methode genau das gleiche Problem haben. Aber ich verspreche Ihnen, dass das nicht der Fall sein wird, wenn Sie sich im Kopf frei machen und meine Anweisungen befolgen. Meine Methode funktioniert genau umgekehrt: Anstatt die Zigarette auszudrücken, von der wir hoffen, es wird unsere Letzte sein, und uns dann einen Verzicht aufzuzwingen, machen wir erst die Gehirnwäsche wirkungslos. Wir erklären genau, wie das Täuschungsmanöver angelegt ist.

ICH SCHAFFE DAS!

MEIN 200. TAG    DATUM:

Auch intelligente Menschen können auf ein Täuschungsmanöver hereinfallen, aber selbst der Einfältigste fällt nicht mehr darauf herein, sobald er es einmal durchschaut hat. Sobald Ihnen klar wird, dass es nichts gibt, was man »aufgeben« müsste, dass Rauchen ganz und gar nicht dazu taugt, Entspannung herbeizuführen, Stress und Langeweile zu beseitigen, die Nerven zu stärken oder die Konzentrationsfähigkeit zu fördern, sondern genau das Gegenteil bewirkt – dann werden Sie ebenso wenig Lust haben, noch eine Zigarette zu rauchen, wie Sie das Bedürfnis haben, sich einen Schuss Heroin zu setzen.

**ICH VERZICHTE AUF NICHTS!**

DATUM:                                MEIN  201.  TAG

Bei meiner Methode machen wir erst einmal die ganze Gehirnwäsche unwirksam. Wenn Sie diese letzte Zigarette ausdrücken, wissen Sie, dass Sie absolut nichts »aufgeben«, dafür aber der Todesursache Nummer eins in unserer westlichen Gesellschaft entkommen. Statt Endzeitstimmung sind Erleichterung und Euphorie angesagt. Sie müssen von nun an nicht mehr den Alptraum leben, ein Vermögen für die Zerstörung Ihrer Gesundheit auszugeben, nur weil Sie Sklave dieser heimtückischen Droge sind.

ICH KANN NUR GEWINNEN!

## MEIN 202. TAG     DATUM:

Eines will ich klarmachen: Nikotin ist die schlimmste, zu Abhängigkeit führende Droge, die der Menschheit bekannt ist. Warum sonst wären 90 Prozent aller männlichen Erwachsenen in der westlichen Gesellschaft irgendwann einmal in ihrem Leben Raucher gewesen? Um die Antwort auf diese Frage zu finden, müssen Sie über die Droge an sich hinaussehen.

### MEINE GEDANKEN FÜR HEUTE:

---
---
---
---
---
---
---

### ICH BIN AUF DEM RICHTIGEN WEG!

DATUM:   MEIN 203. TAG

Wie bei allen Drogen, ob Heroin, Kokain, Alkohol oder Nikotin, ist es nicht nur die chemische Zusammensetzung, die abhängig macht, sondern die Annahme, sie habe tatsächlich etwas zu bieten – oder genauer gesagt, man könne ohne sie das Leben nicht genießen oder meistern. Die chemische Wirkung schafft die Illusion, doch wie bei jedem Täuschungsmanöver gilt auch hier, dass es nicht mehr funktioniert, sobald es einmal durchschaut ist.

ICH VERZICHTE AUF NICHTS!

MEIN 204. TAG     DATUM:

Heroinabhängige überstehen die Belastung der täglichen Dosis Gift, die sie ihrem Körper zuführen, etwas zehn bis 15 Jahre lang, dann beginnt der Zusammenbruch. Bei einem Raucher kann es 50 bis 60 Jahre dauern, bis der Körper nicht mehr mitmacht. Der Prozess vollzieht sich so langsam, dass wir ihn kaum wahrnehmen, und plötzlich ist es zu spät.

**ICH KANN NUR GEWINNEN!**

DATUM: MEIN 205. TAG

Manche Raucher geraten in Panik, wenn ich ihnen sage, Rauchen sei keine Gewohnheit, sondern die Abhängigkeit von Nikotin. Sie denken: »Wenn Gewohnheiten schon schwer abzulegen sind, wie viel schwerer muss es dann erst sein, wenn ich von der wirkungsvollsten Droge abhängig bin, die die Menschheit kennt?« Ich kann nicht oft genug betonen, dass es nicht nur einfach ist, sondern auch eine Freude sein kann, sofern Sie auf meine Anweisungen hören.

ICH SCHAFFE DAS!

# MEIN 206. TAG      DATUM:

Ein weiteres großes Problem bei der »Methode Willenskraft« ist die Leere, die das »Aufgeben« in unserem Leben hinterlassen kann. Als Opfer der Gehirnwäsche glauben wir nicht nur, die Zigarette biete eine Reihe sich widersprechender Vorteile. Wir würden ohne eine gewisse Unterstützung auch keine Freude am Leben haben oder nicht mit Stress zurechtkommen.

## MEINE GEDANKEN FÜR HEUTE:

---

---

---

---

---

---

---

## ICH BIN AUF DEM RICHTIGEN WEG!

DATUM:  MEIN **207.** TAG

Gebären ist für die meisten Kreaturen auf unserem Planeten eine ganz und gar natürliche Angelegenheit. Doch in der westlichen Zivilisation ist mit einer Geburt ein Krankenhausaufenthalt sowie für Mutter und Kind eine aufwändige Phase prä- und postnataler Betreuung verbunden.

ICH KANN NUR GEWINNEN!

MEIN 208. TAG    DATUM:

Ich habe gegen diese Praxis nichts einzuwenden, ich will lediglich darauf hinweisen, dass dadurch der Eindruck entsteht, Mütter und Babys seien schwache und anfällige Wesen. Verstärkt wird dieser Eindruck dadurch, dass häufig Medikamente, Nahrung und Vitaminpräparate nach strengem Plan verabreicht werden.

ICH VERZICHTE AUF NICHTS!

Während zum Beispiel eine Giraffe schon wenige Stunden nach der Geburt stehen und laufen kann, dauert das bei einem Kind mindestens sechs Monate. Die ersten Lebensjahre wird es nach Strich und Faden gehätschelt. Ein leichtes Niesen oder ein paar Pickelchen erfordern einen Besuch beim Arzt, der sofort Tabletten, Salben oder andere Medikamente verschreibt. Außerdem wird das Kind gegen diverse Krankheiten geimpft, die es vielleicht ohnehin nie bekommen würde.

**ICH SCHAFFE DAS!**

MEIN 210. TAG     DATUM:

Selbstverständlich verurteile ich dieses System nicht und schlage auch nicht vor, man solle es ändern. Ich will lediglich deutlich machen, dass dieses »Geh nicht ohne deinen Regenmantel hinaus, sonst holst du dir eine Lungenentzündung!« nicht unbedingt die Vorstellung fördert, man sei unverwundbar. Und auch wir Erwachsenen brauchen ein ganzes Sortiment an Pflegeprodukten, damit wir mit den Unbilden des Alltags zurechtkommen, etwa wenn wir in die Sonne gehen.

**ICH KANN NUR GEWINNEN!**

DATUM:  MEIN **211.** TAG

Die Gehirnwäsche hat uns suggeriert, wir seien, verglichen mit wilden Tieren wie etwa Elefanten oder Tigern, körperlich schwach. Das sind wir aber nicht! Elefanten und Tiger sind vom Aussterben bedroht. Wir haben dank unseres überlegenen Gehirns jeden Winkel dieses Planeten besiedelt.

**MEINE GEDANKEN FÜR HEUTE:**

_____

_____

_____

_____

_____

_____

_____

**ICH BIN AUF DEM RICHTIGEN WEG!**

MEIN 212. TAG          DATUM:

Die menschliche Rasse ist so stark und begünstigt, dass die größte Bedrohung für das Fortbestehen unseres Planeten – und aller auf ihm lebenden Kreaturen – Überbevölkerung und Verschmutzung sind. Früher habe ich geglaubt, mein Gefühl der Unverwundbarkeit entspringe der Unwissenheit der Jugend. Heute weiß ich es besser.

**ICH SCHAFFE DAS!**

DATUM:                    MEIN 213. TAG

Mein Vater war Kettenraucher. Mit Anfang zwanzig war ich schockiert, als er mir sagte, er wolle nicht älter als 50 werden. Als ich selbst 48 war und von ständigem Raucherhusten sowie von Asthma und Bronchitis geplagt wurde, wusste ich, ich würde meinen 50. Geburtstag nicht erleben, wenn ich nicht mit dem Rauchen aufhöre.

ICH KANN NUR GEWINNEN!

MEIN 214. TAG    DATUM:

Möglicherweise denken Sie: »Kein Wunder, dass er aufgehört hat. Ich würde es auch tun, wenn es mit mir so weit käme!« Aber das Entscheidende war, dass ich eben nicht aufgehört habe! Ich war eher bereit zu sterben, als mit dem Rauchen aufzuhören. Es war nicht so, dass ich sterben wollte, ich dachte nur: »Wenn mein Leben mit Zigaretten, die mir Genuss und Stütze bieten, so aussieht, kann es sich dann lohnen, ohne sie zu leben?«

**ICH VERZICHTE AUF NICHTS!**

DATUM: MEIN 215. TAG

Ich kann nur vermuten, dass mein Vater zur selben Schlussfolgerung gekommen war. Er hatte Pech, auch wenn er doch Anfang 50 wurde. Ich hatte Glück, großes Glück: Ich entdeckte meine Methode. Alle nicht Abhängigen erkennen ganz deutlich, dass das Opfer keinerlei Vorteil aus dem Rauchen bezieht. Sie sehen, dass die Droge die Hauptursache des Problems darstellt. Zu vielen dieser Erkenntnisse, die ich Ihnen hier darlege, war ich erst in der Lage, nachdem ich aus dem Nikotinkerker entkommen war.

ICH SCHAFFE DAS!

MEIN 216. TAG        DATUM:

Ich erinnere mich, dass ich als Kind große Angst vor dem Sterben hatte – nicht vor dem Vorgang selbst, sondern davor, tot zu sein. Das kam daher, dass mir das Leben so große Freude machte. Der eigentliche Grund, warum ich lieber sterben wollte, als das Rauchen »aufzugeben«, war, dass ich die Freude am Leben verloren hatte.

**ICH VERZICHTE AUF NICHTS!**

DATUM:                              MEIN 217. TAG

Eine weitere raffinierte und hinterhältige Eigenschaft aller abhängig machenden Drogen: Sie zieht einen so langsam nach unten, dass man es nicht bemerkt. Es ist ähnlich wie das Älterwerden: Das Gesicht im Spiegel erscheint immer so wie am vorherigen Tag. Aber wenn wir Fotos ansehen, die schon einige Jahre alt sind, wird der Alterungsprozess offensichtlich. Und selbst dann neigen wir dazu, uns die Botschaft zu versüßen, indem wir nicht sagen, »Ich sehe so alt aus!«, sondern: »Da habe ich aber jung ausgesehen!«

**MEINE GEDANKEN FÜR HEUTE:**

---

---

---

---

---

**ICH BIN AUF DEM RICHTIGEN WEG!**

## MEIN 218. TAG          DATUM:

Ich habe von Rauchern gehört, die eines Morgens aufgewacht sind und wie durch ein Wunder nicht mehr rauchen wollten. Wenn das jemals mir passiert wäre, hätte das am allermeisten meiner Gesundheit genutzt.

**ICH SCHAFFE DAS!**

Vielleicht hoffen Sie, dass Ihnen eines Tages das gleiche Wunder widerfährt. Wenn dem so ist, verschwenden Sie keine Zeit. Ich habe Sie bereits gewarnt, dass Drogenabhängige notorische Lügner sind. Ich nehme alle diese Geschichten auseinander, und ich schwöre Ihnen, es steckt immer etwas mehr dahinter.

**ICH KANN NUR GEWINNEN!**

MEIN 220. TAG    DATUM:

Oft fürchtet ein solcher Raucher plötzlich um seine Gesundheit, oder er hat gerade einen guten Freund besucht, der unheilbar an Lungenkrebs erkrankt ist. So ein Schockerlebnis öffnet dem Raucher die Augen. Er denkt: »Genauso gut könnte ich da liegen.« Nun wäre es aber besser, zu sagen: »Ich habe beschlossen, aufzuhören, und wenn ich einmal etwas beschließe, bringt mich nichts davon ab!« Aber nicht: »Ich höre auf, weil mich das schockiert hat!«

### MEINE GEDANKEN FÜR HEUTE:

---

### ICH BIN AUF DEM RICHTIGEN WEG!

DATUM:  MEIN 221. TAG

Vielleicht fragen Sie sich, ob das nicht auch mir passiert ist. Nein, ich war bereit zu sterben, aber nicht aus Tapferkeit, sondern weil es mir unmöglich schien, aufzuhören. Was mir passierte, schien wie ein Wunder, doch es ist nicht unerklärlich. Ich weiß genau, warum ich nie mehr wieder rauchen werde.

ICH VERZICHTE AUF NICHTS!

# Mein 222. Tag    Datum:

So unglaublich es klingen mag: Mein verbesserter Gesundheitszustand war nicht der größte Gewinn nach dem Aufhören. Zwar legte sich der ständige Raucherhusten schon nach ein paar Tagen, und auch das Asthma und die Bronchitis verschwanden völlig. Doch das größte Problem waren nicht die Anfälle gewesen, damit wurde ich ganz gut fertig. Es war mir peinlich, vor Nichtrauchern einen Hustenanfall zu bekommen. Die meisten waren zu höflich, um einen Kommentar abzugeben, doch ganz offensichtlich dachten sie: »Was ist das nur für ein Idiot?«

**ICH KANN NUR GEWINNEN!**

DATUM:  MEIN 223. TAG

Die Angst, ohne unseren kleinen Freund oder unsere Stütze auskommen zu müssen, macht uns blind für die Sklaverei, der sich Raucher aussetzen. Ich erinnere mich, dass man mir als Kind eine Geschichte von einem Mann erzählte, auf dessen Schultern ständig ein Plagegeist saß, der ihn mit seinen Beinen fast erwürgte und sein ganzes Leben bestimmte. Ist es nicht sehr ähnlich, wenn man vom Nikotin bestimmt wird?

ICH SCHAFFE DAS!

MEIN 224. TAG     DATUM:

Ohne Zigarette können wir ein Essen nicht genießen, ohne Zigarette können wir nicht telefonieren. Stellen Sie sich vor, Sie fahren in Urlaub und bekommen Ihre Lieblingsmarke nicht! Die Panik, wenn der Vorrat zu Ende geht. Ist der nächste Mensch, der uns über den Weg läuft, einer dieser überragenden Nichtraucher? Wird sich jemand beschweren, wenn ich mir im Restaurant eine anstecke? Solche Probleme haben Nichtraucher nicht. Ich kann Ihnen gar nicht sagen, wie wunderbar es ist, sich keine Gedanken darüber machen zu müssen, ob man rauchen darf oder nicht – sein Leben nicht von diesem teuflischen Kraut beherrschen zu lassen.

**ICH VERZICHTE AUF NICHTS!**

DATUM:                    MEIN  **225.**  TAG

Selbst wenn wir versuchen, nicht an die Auswirkungen zu denken, die das Rauchen auf unsere Gesundheit, unseren Geldbeutel und unsere Selbstachtung hat, spüren wir, dass wir in eine Falle geraten sind und ein sich ständig ausbreitender schwarzer Schatten über unserem Leben hängt. Ich kann gar nicht oft genug erwähnen, welche Erleichterung und Freude man empfindet, wenn man den Plagegeist und den schwarzen Schatten endlich los ist.

MEINE GEDANKEN FÜR HEUTE:

_____

_____

_____

_____

_____

ICH BIN AUF DEM RICHTIGEN WEG!

# Mein 226. Tag          Datum:

Ich war überzeugt, Rauchen verleihe mir Selbstvertrauen und Mut. Viele Raucher können nicht telefonieren, ohne sich eine Zigarette anzustecken. Ich befand mich bereits in dem Stadium, dass ich nicht einmal mehr den Fernsehsender wechseln konnte, ohne mir eine Zigarette anzustecken! Was ist so stressig daran, ein Telefonat zu führen, ganz zu schweigen vom Umschalten beim Fernsehen? Für Nichtraucher ist das kein Problem. Warum habe ich nicht erkannt, dass Nikotin mir nicht Mut und Selbstvertrauen verlieh, sondern beides zerstörte?

## Ich kann nur gewinnen!

DATUM:  MEIN 227. TAG

Der zweitwichtigste Gewinn, den das Entkommen aus der Nikotinfalle mit sich brachte, war meine Energie. Leider ist Gesundheit für uns immer etwas ganz Selbstverständliches. Erst wenn wir bei einem Unfall verletzt werden oder erkranken, wissen wir zu schätzen, wie wunderbar es ist, gesund zu sein.

ICH SCHAFFE DAS!

# Mein 228. Tag    Datum:

Viele Jahre lang wusste ich nicht, welchen Unterschied es macht, nicht krank zu sein oder sich großartig zu fühlen. Das kam daher, dass ich die meiste Zeit meines Lebens nicht krank war. Aber ich hatte völlig vergessen, wie großartig man sich fühlen kann. Um neun Uhr vormittags quälte ich mich aus dem Bett und wurde den ganzen Tag über nicht richtig wach. Nach dem Abendessen schlief ich vor dem Fernseher ein. Ich schob es auf das Älterwerden.

## Meine Gedanken für heute:

---

## Ich bin auf dem richtigen Weg!

DATUM:  MEIN 229. TAG

Kurz nachdem ich mit dem Rauchen aufgehört hatte, wachte ich regelmäßig um sieben Uhr früh auf und war völlig ausgeschlafen. Und allmählich stellte sich ein Lebensgefühl ein, wie ich es nicht mehr verspürt hatte, seit ich Anfang zwanzig gewesen war. Obwohl ich für einen Mann mit meiner Körpergröße mindestens 12 Kilo Übergewicht mit mir herumschleppte, hatte ich jede Menge Energie! Seit Jahren wusste ich, dass ich Sport machen sollte. Nun hatte ich tatsächlich das Bedürfnis danach. Innerhalb von sechs Monaten nahm ich 12 Kilo ab.

ICH VERZICHTE AUF NICHTS!

MEIN 230. TAG        DATUM:

Dass die Hustenanfälle, das Asthma und die Bronchitis ein Ende hatten, war einfach wunderbar. Und auch das Ende der Sklaverei – mein Leben war nun nicht mehr von einem Teufel bestimmt, den ich verachtete. Das Beste aber war, dass der immer größer werdende schwarze Schatten nun beseitigt war und meine Selbstverachtung einer neuen Selbstachtung wich.

ICH SCHAFFE DAS!

DATUM:  MEIN 231. TAG

Wieder Energie zu verspüren, nachdem ich so viele Jahre lang keine mehr gehabt und sie für ein Privileg der Jugend gehalten hatte, war wunderbar. Ich hätte nie gedacht, dass allein nicht mehr zu rauchen eine solche Veränderung herbeiführen würde. Doch der allergrößte Gewinn – vielleicht das Gesamtresultat aller anderen Verbesserungen – war die Rückkehr eines Gefühls, von dem ich schon vergessen hatte, dass es überhaupt existiert: die pure Lust am Leben.

ICH KANN NUR GEWINNEN!

# MEIN 232. TAG   DATUM:

Haben Sie nach dem Lesen eines besonders interessanten Buches schon einmal einen Brief an den Verfasser geschrieben? Ich habe es mir schon oft vorgenommen, doch wie so viele andere gute Vorsätze auch diesen bisher noch nicht in die Tat umgesetzt. Ich frage neue Bekannte häufig danach und bisher habe ich noch niemanden kennen gelernt, der dies schon einmal gemacht hat.

## MEINE GEDANKEN FÜR HEUTE:

---

## ICH BIN AUF DEM RICHTIGEN WEG!

DATUM:  MEIN 233. TAG

Meine Methode wurde in den Medien schon vielfach gelobt. Doch die größte Anerkennung sind für mich die vielen Briefe, die ich von dankbaren Ex-Rauchern bekommen habe. Die beiden wichtigsten Inhalte dieser Briefe sind: »Ich kann nicht fassen, wie einfach es war!« und »Danke, Sie haben mir mein Leben wiedergeschenkt!«

ICH VERZICHTE AUF NICHTS!

MEIN 234. TAG        DATUM:

Was meinen diese Ex-Raucher mit »Danke, Sie haben mir mein Leben wiedergeschenkt«? Jemand der nie geraucht hat, würde dies vielleicht interpretieren als »Danke, dass Sie das Risiko, an Lungenkrebs zu sterben, von mir genommen haben«. Was sie aber wirklich meinen ist: »Danke, dass Sie mich aus den Klauen dieses teuflischen Krauts befreit haben, dass Sie mir aus dem Gefühl der Selbstverachtung herausgeholfen haben und dass Sie mir die pure Freude am Leben wiedergegeben haben.«

ICH SCHAFFE DAS!

DATUM:  MEIN 235. TAG

Die Befreiung aus der Nikotinfalle ist wie das Erwachen aus einem düsteren Alptraum voller Elend und Depression in eine sonnige Welt voller Gesundheit und Glück. Es ist herrlich, frühmorgens die Augen aufzuschlagen und sich voller Energie zu fühlen. Man kann diese Freude des Aufwachens, selbst montagmorgens, nur schwer beschreiben. Man denkt nicht: »Ich frage mich, welche Katastrophen heute wieder passieren«, sondern »Wie wunderbar! Ein neuer aufregender Tag auf diesem Planeten beginnt!«

ICH VERZICHTE AUF NICHTS!

MEIN 236. TAG     DATUM:

Wenn man sich körperlich und mental in schlechter Verfassung befindet, erscheinen einem Maulwurfshügel wie unbezwingbare Berge. Wir alle würden folgende Aussage bestätigen: »Lieber arm aber gesund als reich und krank.« Aber wie oft sorgen wir uns wegen irgendwelcher Eventualitäten, die, selbst wenn sie tatsächlich eintreten würden, kein großes Problem darstellten?

ICH KANN NUR GEWINNEN!

DATUM:                    MEIN 237. TAG

Wenn Sie sich körperlich und mental in guter Verfassung befinden, geschieht genau das Gegenteil. Selbst Vorfälle, die uns früher hart getroffen hätten, stellen kein Problem mehr dar sondern werden zu Herausforderungen, die wir anpacken und meistern wollen.

**MEINE GEDANKEN FÜR HEUTE:**

---
---
---
---
---
---
---

**ICH BIN AUF DEM RICHTIGEN WEG!**

# Mein 238. Tag    Datum:

Es heißt immer, die Schulzeit sei die schönste Zeit in unserem Leben, auch wenn man Kindern das nur schwer glaubhaft machen kann. Nachdem ich von der Schule abgegangen war, war ich davon überzeugt. Die Verantwortung, die mit der Ehe auf mich zukam, die Gründung einer Familie, das Aufziehen von vier Kindern, die beruflichen Anforderungen, die Hypotheken für das Haus, stellten eine schwere Last für mich dar. Im Nachhinein betrachte ich diese Jahre als mein persönliches finsteres Mittelalter.

**Ich kann nur gewinnen!**

Aber was soll an dieser Zeit so niederschmetternd gewesen sein? Ich hatte eine liebevolle, attraktive Frau, vier prächtige, gesunde Kinder, eine sichere und gut bezahlte Arbeitsstelle und ein gemütliches Einfamilienhaus in bevorzugter Wohngegend. Mir fällt kein einziges größeres Problem ein, das ich in diesem Zeitraum von annähernd 30 Jahren hätte lösen müssen.

ICH SCHAFFE DAS!

# Mein 240. Tag  Datum:

Kann es Zufall sein, dass dies auch die Phase meines Lebens war, die von Nikotin dominiert wurde? Ich drückte meine letzte Zigarette am 15. Juli 1983 aus. Damals war ich 48. Heute bin ich 70. Die Gehirnwäsche hatte mir auch eingeredet, das Alter sei die schlimmste Phase unseres Lebens. Ist es auch Zufall, dass die letzten 20 Jahre mit Abstand die schönsten meines Lebens waren?

**ICH VERZICHTE AUF NICHTS!**

DATUM:                    MEIN 241. TAG

Kam mit der Lebensfreude auch die Angst vor dem Sterben zurück? Verstehen Sie mich hier bitte nicht falsch, ich wünsche mir den Tod wirklich nicht herbei, aber das Thema beschäftigt mich längst nicht mehr so wie als Kind. Ich bin viel zu sehr damit beschäftigt, das wertvolle Geschenk des Lebens zu genießen. Ich weiß nicht, wie viele Jahre mir noch gegeben sind, aber ich weiß, dass ich aus jedem einzelnen das Optimale herausholen werde.

MEINE GEDANKEN FÜR HEUTE:

_____

_____

_____

_____

_____

ICH BIN AUF DEM RICHTIGEN WEG!

MEIN 242. TAG     DATUM:

Raucher kämpfen beim Aufhören gegen das Gefühl des Verlusts an. Diesem Gedanken liegt die Annahme zugrunde, dass Raucher einer Beschäftigung nachgehen, die ihnen Spaß macht, also müssen sie automatisch auf etwas verzichten, wenn sie dieser Beschäftigung nicht mehr nachgehen. In Wirklichkeit verhält es sich aber genau umgekehrt. Der Raucher opfert seine Freiheit und wird zum Sklaven, sobald er sich die erste Zigarette ansteckt. Diese Sklaverei abzulegen bedeutet nicht Verzicht sondern Befreiung.

ICH VERZICHTE AUF NICHTS!

DATUM:                                    MEIN 243. TAG

Freiheit ist das von Menschen am höchsten geschätzte Gut. Viele Jahrhunderte lang wurden Kriege geführt für das Recht, sich seine Religion selbst aussuchen zu dürfen. Behinderte Menschen kämpfen für ihr Recht auf Zugang zu allen öffentlichen Orten, so dass sie ihr Leben voll und ganz genießen können. Freiheit ist etwas Wertvolles und es lohnt sich, für sie zu kämpfen. Nicht ein einziger Raucher hätte sich träumen lassen, dass er durch diese Gewohnheit seine Freiheit aufgibt. Nun ist es an der Zeit, sie zurückzuerobern.

ICH SCHAFFE DAS!

MEIN 244. TAG    DATUM:

Haben Sie schon einmal mit dem Rauchen aufgehört und dann, ausgelöst durch eine schwierige Situation wie zum Beispiel einen Trauerfall, wieder angefangen? Falls das zutrifft, hatten Sie Pech. Aber das Leben ist eine einzige große Achterbahn und versteht es nur allzu gut, uns vor eine Herausforderung nach der nächsten zu stellen. Wenn Sie bei allen diesen Gelegenheiten wieder mit dem Rauchen anfangen, werden Sie bis an Ihr Lebensende Raucher bleiben.

**MEINE GEDANKEN FÜR HEUTE:**

---

---

---

---

---

**ICH BIN AUF DEM RICHTIGEN WEG!**

DATUM:  MEIN **245.** TAG

Hat man Ihnen jemals beigebracht, wie man ein Leben führt? Hat Ihnen schon einmal jemand erklärt, welche Macht Ihre Gefühle entfalten können? Wäre es nicht zu schön, wenn man uns Wege zeigen würde, die uns helfen, den Stress möglichst gering zu halten! Dann wäre vermutlich auch der Konsum von Zigaretten, Alkohol und anderen Drogen deutlich geringer. Erinnern Sie sich, wie Sie als Kind beschlossen, etwas Besonderes zu werden? Oder an Ihre Hoffnungen, Träume und Wünsche in einer Welt, in der alles möglich war? An das Abenteuer Leben an guten und an schwierigen Tagen? Das mögen Erinnerungen an eine lange zurückliegende Zeit sein, aber Sie haben damals das Leben ohne Zigaretten in vollen Zügen ausgekostet.

ICH KANN NUR GEWINNEN!

MEIN 246. TAG        DATUM:

Ein anderes Problem, wenn man in einer schwierigen Lebensphase wieder mit dem Rauchen anfängt, sind die Schuldgefühle. Die Schuldgefühle, die man bekommt, wenn man erkennt, was man getan hat, und eine ohnehin schon schwierige Situation so noch belastender wird.

## MEINE GEDANKEN FÜR HEUTE:

## ICH BIN AUF DEM RICHTIGEN WEG!

DATUM:                         MEIN **247.** TAG

Wenn Sie aufhören wollen, müssen Sie Rauchen als das sehen, was es tatsächlich ist – eine Falle, die Sie unter gar keinen Umständen entkommen lassen will. Es ist wie mit einem tyrannischen, hintertriebenen Partner, der Sie belügt und betrügt, Sie aber dennoch bekniet, ihn nicht zu verlassen. Der Ihnen einredet, dass er ganz toll ist und Sie doch so schöne Zeiten mit ihm erleben. Ohne ihn würde es Ihnen doch ganz elendig schlecht gehen.

ICH VERZICHTE AUF NICHTS!

MEIN 248. TAG    DATUM:

Das wird aber nicht der Fall sein, und Sie müssen anfangen, die Zigaretten ungeschönt zu sehen. Sie sind nicht Ihr Tröster, Ihr Gehilfe, Ihre wahre Liebe. Sie enthalten eine Substanz, von der Sie abhängig sind. Sie sind der vergiftete Kelch. Darüber müssen Sie sich im Klaren sein, wenn Sie sich aus der tödlichen Umarmung befreien wollen.

**ICH KANN NUR GEWINNEN!**

DATUM:                          MEIN 249. TAG

Wie würden Sie sich fühlen, wenn Sie gerade von einem Arztbesuch kämen, bei dem Sie erfahren haben, dass Sie an einer Krankheit leiden, die sehr schwer zu heilen ist? Dass man über Jahre hinweg vielleicht mehrere verschiedene Behandlungsmethoden ausprobieren muss, ehe man eine Wirkung erzielt, aber selbst dann die Krankheit weiter in Ihnen schlummern wird?

MEINE GEDANKEN FÜR HEUTE:

_____

_____

_____

_____

_____

_____

ICH BIN AUF DEM RICHTIGEN WEG!

MEIN 250. TAG          DATUM:

Und wie würden Sie sich fühlen, wenn Sie erfahren würden, dass sich die Ärzte geirrt haben? Sie können von Ihrer Krankheit ein für alle Mal geheilt werden und sie tritt nur dann wieder auf, wenn Sie es zulassen, indem Sie sich selbst absichtlich wieder infizieren. Eine Heilung ist mit sofortiger Wirkung möglich. Sie würden sich sehr freuen und könnten es kaum erwarten, mit der Behandlung zu beginnen.

ICH SCHAFFE DAS!

DATUM:  MEIN 251. TAG

Nikotinabhängigkeit ist eine Krankheit! Ich meine damit nicht, dass sie andere Krankheiten wie Krebs, Arteriosklerose, Emphyseme, Asthma, Bronchitis oder Angina verursachen kann. Ich bin vielmehr der Ansicht, dass Sie unter einer Krankheit leiden, wenn Sie sich dazu verleiten lassen, regelmäßig ein sehr wirkungsvolles Gift zu konsumieren, das Ihnen keinerlei Vorteile bieten kann. Tatsächlich ist die Krankheit, unter der Sie leiden, in der westlichen Gesellschaft ganz zufällig die Todesursache Nummer eins.

ICH VERZICHTE AUF NICHTS!

MEIN 252. TAG     DATUM:

Vielleicht stellen Sie diese Behauptung in Frage. Wenn ja, dann fragen Sie sich doch einmal, ob Sie Alkoholismus als einen Genuss und eine Stütze oder als Krankheit betrachten. Ist ein Heroinabhängiger in Ihren Augen jemand, der seine »Gewohnheit« genießt und diese unter Kontrolle hat, oder jemand, der unter einer Krankheit leidet? Vielleicht hilft es Ihnen, sich dazu eine Meinung zu bilden, wenn ich Ihnen sage, dass in Großbritannien jedes Jahr weniger als 300 Menschen in Folge ihrer Heroinabhängigkeit sterben, aber jede Woche 2000 Menschen in Folge von Nikotinabhängigkeit. Und das gilt nur für Großbritannien. Weltweit sterben jährlich über fünf Millionen Menschen an den unmittelbaren Folgen des Rauchens.

ICH KANN NUR GEWINNEN!

DATUM:  MEIN **253.** TAG

Sie leiden an der Krankheit namens »Rauchen«, und das ging eine bestimmte Zeit lang so, weil Sie nicht wussten, wie Sie aufhören sollen. Aber nun wissen Sie es.

## MEINE GEDANKEN FÜR HEUTE:

ICH BIN AUF DEM RICHTIGEN WEG!

MEIN 254. TAG    DATUM:

Das Heilmittel gegen diese Krankheit gibt es schon seit 22 Jahren. Doch noch immer wird es von führenden Medizinern nicht völlig akzeptiert, weil diese, was die Heilung von Rauchern betrifft, nach wie vor in eingefahrenen Bahnen denken. Aber immer wieder hat sich gezeigt, dass diese eingefahrenen Bahnen nicht zum Ziel führen. In unseren Kursen sehen wir dagegen täglich, dass meine Methode funktioniert.

ICH SCHAFFE DAS!

DATUM:  MEIN 255. TAG

So etwas wie einen chronischen Raucher gibt es nicht. Jeder hat das Potenzial, sein Denken und Handeln zu verändern. Der Trick besteht darin, niemals die Augen vom Ball abschweifen zu lassen. Gehen Sie das Thema Rauchen immer direkt an.

**ICH VERZICHTE AUF NICHTS!**

## Mein 256. Tag    Datum:

Wir sind uns darüber im Klaren, dass wir manche Handlungen bewusst in Angriff nehmen müssen, diese dann aber unbewusst ausführen. Für den Raucher ist das Rauchen Teil dieser bewusst/unbewusst aufgeführten alltäglichen Handlungen. Wir merken, wir wollen eine Zigarette und reagieren darauf, sind uns aber nicht jedes einzelnen Lungenzugs bewusst, den wir ausführen. Wäre das der Fall, würden wir uns unwohl fühlen.

**Ich kann nur gewinnen!**

DATUM:  MEIN **257.** TAG

Wenn wir den Vorgang des Rauchens bewusst wahrnehmen, fühlen wir uns befangen, insbesondere in der Gesellschaft von Nichtrauchern. Wir vermeiden es, anderen den Rauch ins Gesicht zu blasen. Aber was ist das für eine Art von Handlung – es ist uns peinlich, wenn wir sie bewusst ausführen, aber wir geraten in Panik, wenn wir sie nicht ausführen dürfen.

## MEINE GEDANKEN FÜR HEUTE:

---
---
---
---
---
---
---

## ICH BIN AUF DEM RICHTIGEN WEG!

MEIN 258. TAG    DATUM:

Informationen werden in unserem Gehirn oft automatisch abgespeichert. Vieles von dem, was dort eingeht, analysieren wir nicht bewusst, weil zu diesem Zeitpunkt kein aktueller Bezug zu unseren alltäglichen Abläufen besteht. Aber ein Kind beobachtet, dass Mama oder Papa mit einer Zigarette ruhiger wirkt, und wartet bis der Erwachsene raucht, bevor es eine Bitte äußert. Dieses Kind kann daraus sehr leicht den Schluss ziehen, dass Zigaretten beruhigend wirken.

ICH SCHAFFE DAS!

Haben Sie schon einmal als frisch gebackener Nichtraucher Urlaub gemacht? Es ist die Hölle, wenn Sie noch glauben, Zigaretten zu genießen. Andere stecken sich eine an, Sie sehen die Raucher glücklich lächelnd, entspannt und mit genießerischer Miene und denken: »Die haben es gut, und ich? Hier stimmt doch etwas nicht, die sind alle glücklich mit ihren Zigaretten. Ich will kein Raucher sein, aber da entgeht mir doch etwas.« Aber Sie irren sich. Sie reagieren gewohnheitsmäßig. Nehmen Sie sich die Zeit, um die Situation zu analysieren. Die anderen sind nicht glücklich, weil sie rauchen, sondern weil sie im Urlaub sind. Machen Sie die Gegenprobe bei den Nichtrauchern.

ICH VERZICHTE AUF NICHTS!

## MEIN 260. TAG    DATUM:

Raucher zu sein ist so, als würde man eine schwere Eisenkugel an einer Kette um das Fußgelenk tragen. Nie wird man das Gewicht los. Solange man nicht zweifelt, leistet es gute Dienste. Doch wenn Sie die Augen für die Wahrheit öffnen, erkennen Sie, dass es sich um die schlimmste Last in Ihrem Leben handelt.

### MEINE GEDANKEN FÜR HEUTE:

---
---
---
---
---
---
---

### ICH BIN AUF DEM RICHTIGEN WEG!

Was Sie daran hindert, die Zigaretten als jene Eisenkugel an der Kette zu erkennen, ist Ihre falsche Wahrnehmung – ausgelöst durch die Gehirnwäsche, der Sie von dem Moment an ausgesetzt waren, in dem Sie sich die erste Zigarette angesteckt haben. Sobald Sie die Gehirnwäsche unwirksam gemacht haben, werden Sie Ihr Leben in jeder Hinsicht wieder mehr genießen. Und Sie werden besser gerüstet sein, um jede beliebige Situation, auch Stress, ohne Ihre Kugel und die Kette zu meistern.

ICH KANN NUR GEWINNEN!

MEIN 262. TAG   DATUM:

Sie haben nichts zu befürchten, wenn Sie keinen Gebrauch von Nikotin machen, im Gegenteil, es ist einfach nur sinnvoll. Anstatt in der Versenkung zu verschwinden, werden Sie wieder an die Oberfläche steigen, aus der Falle heraus, und jenes Gleichgewicht wieder finden, in dem Sie sich einst befanden. Meine Methode verändert Ihre Sicht auf die Dinge, weil sie auf den Fakten über das Rauchen basiert, nicht auf erfundenen Geschichten. Sie ist der Schlüssel, der die Tür des Gefängnisses öffnet, in dem Sie eingeschlossen sind.

ICH SCHAFFE DAS!

DATUM:                                    MEIN  **263.**  TAG

Medizinische Fachleute sagen, das Leben jedes zweiten Rauchers werde durch das Rauchen verkürzt. Dazu möchte ich anmerken, dass ich den Medizinern nicht glaube. Will ich Ihnen damit nun erzählen, Rauchen verkürze das Leben nicht? Auf gar keinen Fall! Ich behaupte, es verkürzt das Leben eines jeden Rauchers. Bedienen Sie sich einfach Ihres gesunden Menschenverstands. Angenommen, Sie würden niemals das Öl oder den Ölfilter in Ihrem Auto wechseln. Wären Sie so einfältig, nicht zu erkennen, dass dies die Lebensdauer des Motors verkürzt?

ICH VERZICHTE AUF NICHTS!

MEIN 264. TAG    DATUM:

Brauchen wir wirklich medizinische Fachleute um Grafiken zu erstellen, auf denen die Lebenserwartung eines 40-Jährigen dargestellt wird, der täglich eine Schachtel Zigaretten raucht? Zeigen nicht schon der Raucherhusten, die Übelkeit und der widerliche Geschmack, dass die Natur ebenso wenig vorgesehen hat, dass wir unseren Körper mit krebserregendem Rauch vollqualmen, wie ein Autohersteller vorsieht, dass wir unseren Benzinmotor mit Diesel betreiben?

## MEINE GEDANKEN FÜR HEUTE:

---

---

---

---

---

---

## ICH BIN AUF DEM RICHTIGEN WEG!

Nun könnten Sie vermuten, dass ich durch die Hintertür auf das Ärztemotto »Hören Sie mit dem Rauchen auf, denn es bringt Sie um« hinarbeite. Falsch geraten. Dies gehört zu dem Prozess, sich im Kopf frei zu machen. Wir machen uns zwar Sorgen, wenn das Öl in unserem Motor alt ist, behandeln aber unseren Körper – das Vehikel, das die Basis für Dauer und Qualität unseres Lebens bildet – mit weniger Respekt als irgendeine alte Klapperkiste.

ICH KANN NUR GEWINNEN!

# MEIN 266. TAG    DATUM:

Verschmutztes Öl kann man wechseln. Der menschliche Körper ist in der Lage, sich selbst zu reinigen und tut das auch, wann immer es notwendig ist. Seine Entgiftungskapazitäten sind 100-mal größer, wenn er nicht mit dem Gift Nikotin überlastet ist. Wie der Einzelne auf diese kurze Erholungsphase reagiert, ist von Fall zu Fall unterschiedlich. Die einen erleben einen sofortigen Energieschub, die anderen sind erst einmal kurze Zeit müde. Manche haben Schlafstörungen, die jedoch nichts mit Schlaflosigkeit zu tun haben, sondern von einem Überschuss an Energie bedingt werden. Unabhängig von den Symptomen kommt der Körper sehr schnell wieder in ein gesundes Gleichgewicht.

## ICH SCHAFFE DAS!

DATUM: MEIN 267. TAG

Nun muss ich noch einige bestimmte Punkte erläutern. Ich versprach zu erklären, warum bestimmte Zigaretten besser zu schmecken scheinen als andere. Nehmen wir dazu das klassische Beispiel: die Zigarette nach dem Essen, besonders die nach dem Abendessen.

MEINE GEDANKEN FÜR HEUTE:

ICH BIN AUF DEM RICHTIGEN WEG!

MEIN 268. TAG        DATUM:

Das Tagespensum ist geschafft und Sie können sich entspannen. Wenn Sie mit Freunden in Ihrem Lieblingsrestaurant feiern, erscheint Ihnen diese Zigarette noch eine Spur besser, und ganz besonders dann, wenn Sie auch noch eingeladen sind. Bei solchen Anlässen befinden sich Nichtraucher in einem absoluten Stimmungshoch. Doch ein Raucher, der nach dem Essen nicht rauchen kann, befindet sich ganz und gar nicht in einem Stimmungshoch. Also besteht der Unterschied, ob man diese Zigarette raucht oder nicht, nicht nur darin, etwas gegen das Verlangen zu tun, sondern es handelt sich um den Unterschied zwischen bester Laune und elender Stimmung.

**ICH VERZICHTE AUF NICHTS!**

DATUM:  MEIN 269. TAG

Sie werden feststellen, dass alle angeblich besonderen Zigaretten solche sind, die auf eine Phase der Abstinenz folgen: nach dem Sport, nach einer Pause, die erste am Tag, nach dem Sex und so weiter. Was wiederum bestätigt, dass der einzige Genuss, der für einen Raucher mit dem Anstecken einer Zigarette verbunden ist, darin besteht, dass die Beeinträchtigung aufgehoben wird, die mit dem Verlangen nach ihr einhergeht.

ICH KANN NUR GEWINNEN!

# MEIN 270. TAG    DATUM:

Nikotinabhängigkeit zeigt viele erbärmliche Facetten. Nachdem ich so elendiglich scheiterte, wenn ich versuchte, das Rauchen durch Willenskraft »aufzugeben«, gilt meine allergrößte Bewunderung all jenen Ex-Rauchern, die das geschafft haben. Aber es macht mich traurig, wenn einer von ihnen etwas in dieser Art sagt: »Ich habe seit über zehn Jahren keine Zigarette mehr angefasst, aber die nach dem Essen vermisse ich immer noch.«

**ICH SCHAFFE DAS!**

DATUM:  MEIN **271.** TAG

Machen Sie sich ganz klar, dass niemand jemals das Rauchen einer Zigarette genießt. Wir glauben das nur einzig und allein deshalb, weil wir uns ohne sie elend fühlen, solange wir in der Nikotinfalle festsitzen. Wir halten das für dasselbe. Aber das ist es nicht.

MEINE GEDANKEN FÜR HEUTE:

ICH BIN AUF DEM RICHTIGEN WEG!

MEIN 272. TAG   DATUM:

Es gibt buchstäblich Millionen dieser winselnden Ex-Raucher, die nicht nur dem Glauben anhängen, das Rauchen sei einmal ein großer Genuss für sie gewesen, sondern diese Illusion auch gegenüber Rauchern aufrechterhalten. Aber blicken Sie doch einmal auf Ihr Leben zurück. Sie haben Tausende dieser ganz besonderen Zigaretten nach dem Essen geraucht. An wie viele von diesen können Sie sich konkret erinnern?

**ICH VERZICHTE AUF NICHTS!**

Machen Sie sich im Kopf frei und halten Sie Rückschau auf Ihr Leben. Sie werden feststellen, dass alles, woran Sie sich in punkto Rauchen erinnern können, der abscheuliche Geschmack der ersten Zigarette ist, wie schlecht es Ihnen ging, wenn Sie nicht rauchen konnten, oder wie Sie sich die Lunge aus dem Leib husteten, wenn Sie geraucht hatten. Diese winselnden Ex-Raucher blasen Trübsal wegen einer Situation, die so nie existiert hat.

ICH KANN NUR GEWINNEN!

# MEIN 274. TAG          DATUM:

Zur Standardausrüstung unseres Körpers gehört ein Überlebensmechanismus, der ihn daran hindert, sich an Schmerzen zu erinnern oder sie wiederholt zu durchleben. Wir wissen, dass wir schon einmal Schmerzen erlitten haben müssen, vielleicht haben wir sogar Narben zurückbehalten, doch wir sind darauf programmiert, sie zu vergessen. Wären wir das nicht, würde die menschliche Rasse aussterben. Ebenso verhält es sich mit Elend und Verzweiflung. Wir wissen, dass es uns schlecht ging, doch wir vergessen, wie stark die Emotionen tatsächlich waren. Alle Raucher leben in verschiedenen Stadien von Verzweiflung und Elend. Die Tatsache, dass wir uns nicht mehr detailliert daran erinnern können, nachdem wir mit dem Rauchen aufgehört haben, bedeutet nicht, dass dieser Zustand niemals existiert hat. Und er wird garantiert wiederkehren, wenn Sie erneut anfangen zu rauchen.

**ICH SCHAFFE DAS!**

DATUM:                                MEIN **275.** TAG

Um festzuhalten, wie die Realität des Raucherdaseins aussieht und warum Sie ihr unbedingt entkommen wollen, ist es hilfreich, Tagebuch zu führen. Mit anderen Worten, halten Sie Ihre eigenen Gedanken und Gefühle jetzt fest, schreiben Sie nieder, wie schlecht Sie sich fühlen, welche Sorgen es Ihnen macht, Raucher zu sein, und bewahren Sie Ihre Aufzeichnungen auf, so dass Sie sich mit Ihren eigenen Worten daran erinnern können, wovon Sie sich befreit haben.

## MEINE GEDANKEN FÜR HEUTE:

_____

_____

_____

_____

_____

_____

## ICH BIN AUF DEM RICHTIGEN WEG!

MEIN 276. TAG   DATUM:

Sie werden sich fragen, wie Sie es schaffen sollen, auf einen Schlag kein Verlangen nach Zigaretten mehr zu haben, während Millionen Raucher nach jahrelanger Abstinenz noch immer Probleme damit haben. Das ist die wichtigste Botschaft, die ich für Sie habe. Ich habe die beiden Bestien beschrieben. Die »kleine Bestie« verspürt nie Verlangen nach Zigaretten. Sie ruft lediglich dieses Gefühl der Leere und Unsicherheit in Ihrem Körper hervor, das Sie kennen als: »Ich will oder brauche eine Zigarette.«

ICH VERZICHTE AUF NICHTS!

DATUM:  MEIN **277.** TAG

Wenn Sie die Nikotinfalle nicht verstehen, werden Sie anfangen, sich nach einer Zigarette zu sehnen. Dieses Sehnen ist die »große Bestie« oder auch die Gehirnwäsche. Dann werden Sie sich in einer bemitleidenswerten Lage befinden. Ein Teil Ihres Gehirns will nicht nachgeben, ein anderer wird das Verlangen stillen wollen. Bei meiner Methode lebt die »große Bestie« nicht weiter, also werden Sie auch nie wieder Verlangen nach einer Zigarette verspüren.

ICH SCHAFFE DAS!

# MEIN 278. TAG        DATUM:

Kennen Sie das Märchen von Rumpelstilzchen? Als das Mädchen nicht wusste wie er hieß, war es von großer Angst erfüllt. Als sie jedoch den Namen sagen konnte, kehrte sich die Situation um. Rumpelstilzchen hatte nun nicht mehr die Macht über das Mädchen, sondern das Mädchen über Rumpelstilzchen. Nach dem Ausdrücken Ihrer letzten Zigarette haben Sie vielleicht noch ein paar Tage lang das Gefühl, eine Zigarette zu wollen. Doch anstatt nach einer zu schmachten, lassen Sie es einfach sein und denken: »Das ist kein schönes Gefühl, aber Raucher müssen es ertragen, so lange sie rauchen. Es ist einfach wunderbar! Ich muss die ‚kleine Bestie' nie mehr füttern.«

**ICH KANN NUR GEWINNEN!**

DATUM:  MEIN 279. TAG

Nun fragen Sie sich vermutlich, wie lange es dauert, bis die »kleine Bestie« stirbt. Ich kann diese Frage nicht beantworten. Aber das macht nichts. Die »kleine Bestie« ist so schwach wahrnehmbar, dass wir unser ganzes Raucherleben lang unter ihr leiden, ohne zu bemerken, dass sie überhaupt existiert. Und es wird nicht schlimmer, wenn wir aufhören. Wo ist also ein Problem?

MEINE GEDANKEN FÜR HEUTE:

ICH BIN AUF DEM RICHTIGEN WEG!

MEIN 280. TAG    DATUM:

Natürlich ist das ein Problem für Raucher, die mit Willenskraft aufhören. Da die »kleine Bestie« nicht von Hunger oder normalem Stress zu unterscheiden ist, verlangt Ihr Gehirn noch immer nach einer Zigarette, sobald Sie Hunger haben oder unter Stress stehen.

ICH SCHAFFE DAS!

DATUM:                    MEIN  281.  TAG

Bei den Methoden, die mit Willenskraft arbeiten, ist das Gehirn des Rauchers vom Rauchen besessen. Da ein Teil des Gehirns sich eine Zigarette anstecken möchte, versuchen Sie, Ihre Gedanken davon abzulenken. Wenn Sie jemals Probleme hatten, nachts einzuschlafen, wissen Sie, dass es umso schwieriger wird, je mehr Sie darüber nachdenken.

ICH VERZICHTE AUF NICHTS!

MEIN 282. TAG    DATUM:

Die so genannten Experten behaupten, Marihuana sei für Jugendliche der Einstieg zu härteren Drogen. Unsinn! Von Geburt an will uns die Gehirnwäsche vermitteln, wir seien schwach und brauchten eine Krücke oder Stütze, um Spaß am Leben zu haben und mit Stress umgehen zu können. Und wir brauchten Nikotin und Alkohol, um die Leere zu füllen.

**ICH KANN NUR GEWINNEN!**

DATUM:  MEIN **283.** TAG

Sehen Sie eines ganz klar: Weder Nikotin noch Alkohol füllt eine Leere. Im Gegenteil, sie lassen diese entstehen. Bevor wir in eine dieser Fallen geraten, können wir ohne Zigaretten, Alkohol oder andere Drogen das Leben genießen und Stress bewältigen. Neben der Einsicht, dass Rauchen keinerlei Genuss, Stütze oder Ähnliches bietet, ist die zweite Grundvoraussetzung die Erkenntnis, dass Sie auch keinen Ersatz dafür brauchen.

## MEINE GEDANKEN FÜR HEUTE:

---
---
---
---
---

## ICH BIN AUF DEM RICHTIGEN WEG!

## MEIN 284. TAG    DATUM:

Wenn wir das Rauchen »aufgeben«, neigen wir dazu, uns einen Ersatz dafür zu suchen. Das wäre eine Wunderpille, die gegen Langeweile und Stress wirkt, Entspannung und Konzentration fördert, uns gesundheitlich nicht schadet und kein Vermögen kostet. Sollten Sie diese Pille jemals finden, lassen Sie es mich wissen! Aber verschwenden Sie Ihre Zeit nicht mit der Suche danach. Würde sie existieren, würden wir sie alle schon nehmen.

**ICH VERZICHTE AUF NICHTS!**

Am ehesten käme dabei noch in Frage, Kaugummi zu kauen oder Bonbons zu lutschen. Aber wenn Sie schon einmal Kaugummi gekaut haben, wissen Sie, dass Ihnen nach ein paar Stunden der Kiefer wehtut und Ihr Gehirn Ihnen sagt: »Ich gäbe alles für eine Zigarette.« Haben Sie es mit dem Lutschen von Bonbons versucht, wissen Sie, dass diese nach den ersten drei widerlich schmecken, Zähne und Zunge mit Zucker überziehen, den Appetit verderben und dick machen.

ICH KANN NUR GEWINNEN!

# MEIN 286. TAG    DATUM:

Suchen Sie nach einer überstandenen Grippe nach einer anderen Krankheit als Ersatz? Natürlich nicht. Sie sind dankbar, wieder gesund zu sein. Die bloße Suche nach Ersatz ist das Zugeständnis, dass Sie ein Opfer bringen. Aber wer braucht einen Ersatz für die Todesursache Nummer eins in der westlichen Gesellschaft?

**MEINE GEDANKEN FÜR HEUTE:**

___

___

___

___

___

___

**ICH BIN AUF DEM RICHTIGEN WEG!**

Können Sie glauben, dass die medizinischen »Experten« grundsätzlich zu Ersatzstoffen raten und dann auch noch genau die Droge als Ersatz empfehlen, von der Sie abhängig sind? Das nennt man Nikotinersatztherapie. Wenn die Nikotinfalle das größte Täuschungsmanöver in der Geschichte unseres Planeten ist, muss die von »Experten« empfohlene Behandlung, die Nikotinersatztherapie, den zweiten Platz einnehmen.

ICH SCHAFFE DAS!

MEIN 288. TAG          DATUM:

Nikotinersatztherapie gibt es in Form von Kaugummis, Pflastern, Nasensprays, Inhalationen und so weiter. Würden Sie es als wissenschaftliche Vorgehensweise ansehen, wenn ein Arzt sagte: »Rauchen Sie kein Heroin, Rauchen ist gefährlich. Spritzen Sie es sich lieber in eine Vene.«

**ICH VERZICHTE AUF NICHTS!**

DATUM: MEIN 289. TAG

Nikotinersatztherapien gehen davon aus, dass Rauchen gefährlich ist, also sollten Sie sich Nikotin lieber durch den Mund, die Haut oder die Nase zuführen. Allein schon der Name ist irreführend. Es handelt sich um alles andere als Nikotinersatz, sondern um die Nikotinfortsetzung. Und mit Therapie hat es überhaupt nichts zu tun.

ICH KANN NUR GEWINNEN!

Wie die meisten von den so genannten Experten empfohlenen Möglichkeiten, hört sich Nikotinersatztherapie zunächst ganz logisch an. Sie geht davon aus, dass Sie, wenn Sie versuchen, das Rauchen »aufzugeben«, gegen zwei mächtige Feinde zu kämpfen haben: Sie müssen zum einen die Gewohnheit ablegen und zum anderen mit den schlimmen körperlichen Entzugserscheinungen fertig werden. Würden Sie sich für den Titelkampf um die Schwergewichtsweltmeisterschaft im Boxen bewerben, stünden Ihre Chancen, Mike Tyson oder Lennox Lewis zu besiegen, ziemlich schlecht. Und die Chancen, beide gleichzeitig zu besiegen, existierten überhaupt nicht.

**ICH SCHAFFE DAS!**

DATUM:  MEIN 291. TAG

Folglich scheint es nur logisch und völlig vernünftig zu sein, zuerst die Zigarette auszudrücken, von der Sie hoffen, es war Ihre letzte, und den Körper weiterhin mit Nikotin zu versorgen, während Sie gegen die Gewohnheit kämpfen. Haben Sie erst einmal die Gewohnheit abgelegt, können Sie sich schrittweise auch vom Nikotin entwöhnen.

MEINE GEDANKEN FÜR HEUTE:

ICH BIN AUF DEM RICHTIGEN WEG!

## MEIN 292. TAG   DATUM:

Es klingt aber nur logisch, wenn Sie den Mechanismus der Nikotinfalle nicht verstehen. Die Theorie hinter der Nikotinersatztherapie basiert auf zwei falschen Annahmen, die wir bereits berichtigt haben: Es gibt keine schlimmen Entzugserscheinungen von Nikotin, und Rauchen ist keine Gewohnheit. In Wahrheit ist Rauchen nicht mehr und nicht weniger als eine Methode, um Nikotinabhängige mit ihrer Droge zu versorgen.

**ICH VERZICHTE AUF NICHTS!**

Aber es gilt tatsächlich zwei Feinde zu besiegen. Erstens die »kleine Bestie«. Sie ist alles andere als mächtig, sondern so schwach, dass Milliarden von Rauchern niemals bemerkt haben, dass sie überhaupt existiert. Zum Glück wird sie auch nicht stärker, nachdem Sie Ihre letzte Zigarette ausgedrückt haben. Zweitens das, was ich die »große Bestie« nenne: die Gehirnwäsche – die Annahme, Rauchen biete uns echten Genuss oder Hilfe und es sei schwierig aufzuhören.

**ICH SCHAFFE DAS!**

MEIN 294. TAG        DATUM:

Es ist die »große Bestie«, die das Aufhören schwierig macht, aber nicht unmöglich. Wenn Sie nach Ersatz suchen, gestehen Sie automatisch ein, ein Opfer zu bringen, und halten damit die »große Bestie« am Leben. Wenn Sie von Nikotinersatztherapie Gebrauch machen, halten Sie letzten Endes beide Bestien weiter am Leben.

ICH KANN NUR GEWINNEN!

DATUM:  MEIN 295. TAG

Die Nikotinfalle ist genial. Aber meine Methode ist noch genialer. Das einzige Problem, das es zu beseitigen gilt, ist die Gehirnwäsche, und das tun wir, ehe wir die letzte Zigarette ausdrücken. Nur darum geht es in diesem Tagebuch. Wenn Sie sich im Kopf frei gemacht und alle Instruktionen befolgt haben, werden Sie bald glücklicher Nichtraucher sein.

MEINE GEDANKEN FÜR HEUTE:

_____

_____

_____

_____

_____

_____

_____

ICH BIN AUF DEM RICHTIGEN WEG!

MEIN 296. TAG        DATUM:

Wenn Sie immer noch das Gefühl haben, es sei wie die Besteigung des Mount Everest, haben Sie damit durchaus Recht. Sie werden spüren, etwas Großes erreicht zu haben. Doch die wunderbare Botschaft lautet, dass Sie dieses Gefühl sofort genießen können, von dem Augenblick an, in dem Sie aufhören.

**ICH KANN NUR GEWINNEN!**

DATUM:  MEIN **297.** TAG

Können Sie sich vorstellen, wie der Graf von Monte Christo, der gedacht hatte, niemals jenem Kerker entkommen zu können, sich gefühlt hat, als er plötzlich in Freiheit war? Genauso habe ich mich gefühlt, als ich endlich der Nikotinfalle entkommen war. Tausende von Ex-Rauchern haben mir in Briefen ähnliche Gefühle geschildert. Es ist eine Situation, in der man nur gewinnen kann. Sie erleben die Euphorie, etwas erreicht zu haben, ohne die Mühe, den Mount Everest besteigen zu müssen. Machen Sie sich im Kopf frei und befolgen Sie die Anweisungen, dann wird es Ihnen vorkommen wie ein Spaziergang im Park an einem lauschigen Sommerabend.

ICH SCHAFFE DAS!

MEIN 298. TAG     DATUM:

Wir sind an einem kritischen Punkt angelangt. Vielleicht muss ich Sie noch weiter überzeugen, dass es jedem Raucher leicht fallen kann aufzuhören und dass Sie als Nichtraucher mehr Spaß beim Ausgehen haben werden, sich besser konzentrieren und mit Stress besser umgehen können. Falls dies so ist, sorgen Sie sich nicht. Manchen Menschen fällt es schwer, sich das vorzustellen. Sie müssen es einfach selbst ausprobieren.

ICH KANN NUR GEWINNEN!

DATUM:  MEIN 299. TAG

Wenn Sie sich aber im Kopf frei gemacht und die Anweisungen befolgt haben, wird Ihnen an dieser Stelle klar sein, dass Raucher keinen echten Genuss und keine wirkliche Hilfe im Rauchen finden und dass dieses nicht entspannend wirkt, gegen Langeweile oder Stress hilft oder die Konzentration fördert, sondern genau das Gegenteil bewirkt. Ist Ihnen das noch nicht klar, rate ich Ihnen, das ganze Tagebuch noch einmal zu lesen und sich zu fragen, warum es Ihnen bisher noch nicht klar geworden ist!

ICH VERZICHTE AUF NICHTS!

MEIN 300. TAG   DATUM:

Verstehen Sie es dann immer noch nicht, suchen Sie sich einen guten Freund oder einen Verwandten, der es Ihnen erklären kann. Hilft auch das nicht, sollten Sie mein Buch »Endlich Nichtraucher!« lesen oder einen meiner Kurse besuchen, die am Ende dieses Tagebuchs aufgeführt sind. Verstehen Sie es, müssen Sie nun den Vorsatz fassen, einen ernsthaften Versuch zu unternehmen, mit dem Rauchen aufzuhören, wenn Sie dieses Buch zu Ende gelesen haben.

ICH SCHAFFE DAS!

DATUM:   MEIN 301. TAG

Das erscheint Ihnen vielleicht als überflüssiger Ratschlag. Aus welchem anderen Grund sollten Sie dieses Tagebuch lesen? Die Nikotinfalle ist genial. Niemand beschließt jemals, Raucher zu werden, und doch ist die Falle so ausgelegt, dass sie ihre Opfer lebenslang gefangen hält. Um frei zu kommen, müssen Sie sich bewusst für die Flucht entscheiden. Ich meine nicht jetzt sofort, sondern wenn Sie am Ende dieses Tagebuchs angelangt sind.

ICH KANN NUR GEWINNEN!

# MEIN 302. TAG    DATUM:

Wenn Sie diesen Vorsatz nicht fassen können, sagen Sie damit nichts anderes als: »Ich verstehe voll und ganz, dass ich unter der Krankheit leide, die in der westlichen Gesellschaft für die meisten Todesfälle verantwortlich ist, und dass Rauchen keinerlei Genuss oder Hilfe bietet, doch ich habe beschlossen, weiterhin unter dieser Krankheit zu leiden.«

## MEINE GEDANKEN FÜR HEUTE:

---
---
---
---
---
---

## ICH BIN AUF DEM RICHTIGEN WEG!

DATUM: MEIN 303. TAG

Ist das Ihr Standpunkt, tut es mir Leid, aber dann kann ich Ihnen nicht helfen. In diesem Fall rate ich, einen Psychiater aufzusuchen, oder besser noch, einen Fachmann für Sterbehilfe. Aber die Droge wird Sie doch nicht schon soweit gebracht haben, dass Sie in Erwägung ziehen, das wertvollste Gut, das man nur haben kann, zu opfern?

ICH VERZICHTE AUF NICHTS!

MEIN 304. TAG        DATUM:

Wenn Sie durch die Droge schon so tief gesunken sind, befinden Sie sich in genau dem Stadium, in dem ich einst war. Was haben Sie noch zu verlieren?

ICH KANN NUR GEWINNEN!

DATUM:  MEIN 305. TAG

Wir haben noch zwei Monate vor uns. Ab sofort denken wir nicht mehr an »Aufgeben« und das damit verbundene Opfer und die Endzeitstimmung. Dafür fegen wir die Spinnweben aus unserem Kopf und sehen die Abhängigkeit von Nikotin so, wie sie wirklich ist.

ICH SCHAFFE DAS!

## MEIN 306. TAG     DATUM:

Ich habe Ihnen versprochen, es wird keine Schocktherapie geben und ich habe erläutert, wie wir die Augen davor verschließen, welchen Schaden das Rauchen unserer Gesundheit und unseren Finanzen zufügt. Haben Sie aber einmal den Vorsatz gefasst aufzuhören, kann von Schocktherapie überhaupt keine Rede mehr sein. Stattdessen werden Sie einen gewaltigen Schub erfahren, der die Freude daran, Nichtraucher zu sein, gewaltig steigert.

### MEINE GEDANKEN FÜR HEUTE:

---

---

---

---

---

---

### ICH BIN AUF DEM RICHTIGEN WEG!

DATUM:  MEIN 307. TAG

Früher tat ich das Risiko, an Lungenkrebs zu erkranken, mit den üblichen Pseudoargumenten ab, von denen Raucher so gerne Gebrauch machen: »Vielleicht werde ich morgen von einem Bus überfahren!« oder »Autoabgase richten wahrscheinlich größeren Schaden an!« Aber würden Sie sich absichtlich vor einen Bus werfen oder sich mit geöffnetem Mund über einen Auspuff beugen und die Abgase einatmen?

**ICH VERZICHTE AUF NICHTS!**

MEIN 308. TAG          DATUM:

Erzählungen über Raucher, denen wegen des Rauchens ein Bein amputiert werden musste, waren für mich lahme Versuche seitens der Mediziner, mir soviel Angst einzujagen, dass ich aufhöre. Die Verfärbungen an meinen Zähnen waren der deutliche Hinweis darauf, dass es in meiner Lunge noch viel schlimmer aussah, aber egal, ich sah nicht hinein und die anderen auch nicht.

ICH KANN NUR GEWINNEN!

Ich bin mir aber sicher, dass ich früher aufgehört hätte, wäre mir bewusst gewesen, wie die allgemeinen Auswirkungen des Rauchens allmählich dazu führten, dass meine Blutgefäße verstopften und die Muskeln und Organe nicht mehr mit Sauerstoff und Nährstoffen versorgt wurden, dafür aber mit Kohlenmonoxid und anderen Giften. Wenn Sie sich fragen, warum starke Raucher eine fahle Gesichtsfarbe und ausgetrocknete Haut haben, liegt das nicht an einem Mangel an Sonnenschein sondern an verstopften Blutgefäßen.

ICH VERZICHTE AUF NICHTS!

# MEIN 310. TAG    DATUM:

Ich hatte schlimme Krampfadern und Leberflecke. Mir wurde schwindlig, wenn ich zu schnell aufstand, und ich spürte ein merkwürdiges Gefühl in den Beinen. Meine Frau massierte sie mir jeden Abend. Ich brachte keines dieser Symptome mit dem Rauchen in Verbindung, aber sie alle waren, nachdem ich mit dem Rauchen aufgehört hatte, innerhalb von ein paar Monaten verschwunden.

ICH KANN NUR GEWINNEN!

DATUM:  MEIN **311.** TAG

Gelegentlich hatte ich starke Schmerzen in der Brust, und diese brachte ich mit dem Rauchen in Verbindung. Ich hoffte, die Ursache seien Verdauungsstörungen, doch insgeheim befürchtete ich, es könnte Lungenkrebs sein. Seit ich aufgehört habe, hatte ich keinen einzigen Anfall mehr, und ich vermute, es handelte sich um Angina. Mein anhaltender Raucherhusten verschwand erstaunlicherweise schon nach wenigen Tagen und ich hatte, seit ich aufgehört habe, kein einziges Mal mehr Asthma oder Bronchitis.

ICH SCHAFFE DAS!

MEIN 312. TAG    DATUM:

Auch eines dieser Märchen ist, Rauchen helfe beim Abnehmen. Der Eindruck entsteht, weil die meisten Raucher, die durch Willenskraft aufhören, zur Gewichtszunahme neigen. Das kommt daher, dass sie Nikotin durch Essen ersetzen. Nun könnte man das als Beweis sehen, dass es doch wahr ist. Aber wenn Sie sich einmal in Ihrer Umgebung umsehen, werden Sie feststellen, dass es auch viele übergewichtige Raucher gibt. Ich war auch einer.

## MEINE GEDANKEN FÜR HEUTE:

---
---
---
---
---
---

## ICH BIN AUF DEM RICHTIGEN WEG!

Würde dieses Märchen stimmen, hätte ich in den fast 30 Jahren, in denen ich Kettenraucher war, ein Strich in der Landschaft sein müssen. Ich war aber stark übergewichtig. Nachdem ich aufgehört hatte, nahm ich innerhalb von sechs Monaten zwölf Kilo ab. Und ich bin mir ganz sicher, dass mein Übergewicht die Ursache für eines oder mehrere der an früherer Stelle beschriebenen Symptome war. Doch da das Übergewicht an sich eine Folgeerscheinung des Rauchens war, kann man diese Symptome durchaus auch dem Rauchen zuschreiben.

**ICH KANN NUR GEWINNEN!**

MEIN 314. TAG    DATUM:

Wie kann Rauchen Übergewicht bewirken? Indem die »kleine Bestie« sich nicht von Hunger unterscheidet. Da der Körper Immunität gegen Nikotin entwickelt, wird das durch den Entzug hervorgerufene Gefühl der Leere durch eine Zigarette nur teilweise abgestellt. Daher neigen Raucher dazu, es durch Essen zu kompensieren, und zwar nicht nur, wenn sie versuchen, das Rauchen »aufzugeben«, sondern ihr ganzes Raucherdasein lang.

ICH VERZICHTE AUF NICHTS!

Raucher neigen auch zum Zunehmen, weil sie sämtliche Aktivitäten meiden, bei denen sie nicht rauchen können, insbesondere Sport. Auch wenn es keine bewusste Entscheidung war, halte ich es dennoch nicht für einen reinen Zufall, dass der einzige Sport, den ich mit Mitte zwanzig betrieb, das Golfen war. Auf dem Golfplatz konnte ich ohne viel Aufwand Kettenrauchen. Meine nicht rauchenden Bekannten spielten nach wie vor neben Golf auch noch Tennis und Squash.

ICH SCHAFFE DAS!

## MEIN 316. TAG   DATUM:

Falls Sie irgendwo hören, jede Zigarette, die Sie rauchen, koste Sie fünf Minuten Ihres Lebens, oder es dauere zehn Jahre, bis die Verunreinigungen wieder aus dem Körper ausgeschieden sind, ignorieren Sie es. Das sind nur vergebliche Versuche der Mediziner, Ihnen so viel Angst zu machen, dass Sie das Rauchen »aufgeben«. Bei jungen Menschen sind sie reine Zeitverschwendung, weil diese noch nicht einmal realisieren, dass sie abhängig sind.

### MEINE GEDANKEN FÜR HEUTE:

---

---

---

---

---

---

### ICH BIN AUF DEM RICHTIGEN WEG!

DATUM:                          MEIN **317.** TAG

Sie sind nicht nur Zeitverschwendung sondern wirken bei älteren Langzeitrauchern, wie ich einer war, kontraproduktiv. Bei 100 Zigaretten am Tag hieße das, ich hätte jeden Tag über acht Stunden meines Lebens verloren. Theoretisch war ich schon längst tot, und hätte ich zum damaligen Zeitpunkt aufgehört, hätte es zehn Jahre gedauert, bis das Gift aus meinem Körper ausgeschieden wäre. Kein Wunder, dass ich nicht einmal mehr versuchen wollte, das Rauchen »aufzugeben«!

ICH KANN NUR GEWINNEN!

MEIN 318. TAG     DATUM:

Die Fünf-Minuten-Regel stimmt. Aber nur, wenn Sie bis zum bitteren Ende durchhalten und in die Statistik eingehen. Hören Sie jetzt auf und Sie holen sich 99 Prozent dieser fünf Minuten zurück. Aber das Gift scheidet nie mehr ganz aus Ihrem Körper aus. Sogar Menschen, die selbst nie geraucht haben, haben durch das Passivrauchen etwas davon in der Lunge.

ICH SCHAFFE DAS!

DATUM:                    MEIN 319. TAG

Vergessen Sie nie, was für unglaubliche Kraft der menschliche Körper besitzt. Hätte ich mein Auto wie meinen Körper behandelt, wäre es nach sechs Monaten nicht mehr fahrtüchtig gewesen. Heute erscheint es mir als Wunder, dass ich dreißig Jahre lang pausenlos dieses ekelhafte Gift inhalierte und trotzdem noch lebe. Gibt es einen überzeugenderen Nachweis für die unglaubliche Kraft des menschlichen Körpers?

ICH VERZICHTE AUF NICHTS!

# MEIN 320. TAG    DATUM:

Aber Sie brauchen nicht tatenlos herumzusitzen und zehn Jahre zu warten. Sie lösen Ihr Problem in dem Moment, in dem Sie die letzte Zigarette ausdrücken. Ich habe vor ein paar Tagen beschrieben, wie schnell ich mich von den schlimmen Auswirkungen des Rauchens erholt hatte. Die wunderbare Wahrheit lautet, der Großteil des Giftes scheidet schon innerhalb der ersten paar Tage und Wochen aus Ihrem Körper aus.

## MEINE GEDANKEN FÜR HEUTE:

---

---

---

---

---

---

## ICH BIN AUF DEM RICHTIGEN WEG!

DATUM:  MEIN 321. TAG

Wenn Sie die Auffassung vertreten, »Vielleicht werde ich morgen von einem Bus überfahren«, während Sie Ihren Körper regelmäßig durch Rauchen vergiften, gibt es sicherlich keinen Anlass, diese Einstellung zu ändern, sobald Sie aufhören. Sie können Ihr Leben genussreicher gestalten und den Prozess beschleunigen, wenn Sie sich umsichtig ernähren und sportlich betätigen. Aber machen Sie keinen großen Akt daraus. Vorrangiges Ziel dieses Tagebuchs ist es, Ihnen zu helfen, wieder mehr Freude am Leben zu finden.

ICH SCHAFFE DAS!

# Mein 322. Tag    Datum:

So wie wir die Augen davor verschließen, was das Rauchen für unsere Gesundheit bedeutet, wenden wir die Taktik eines Verkäufers an, wenn es darum geht, wie es sich auf unsere Finanzen auswirkt. Stellen Sie eine ganz einfache Frage wie zum Beispiel: »Und was kostet das?« Die Antwort wird lauten: »Nur 25 Euro.« Ich schätze, dass ich nach heutigem Stand über 400.000 Euro für Nikotin ausgegeben habe.

**Ich kann nur gewinnen!**

DATUM:  MEIN 323. TAG

Ich besitze ein hübsches Haus. Doch ich habe mehr Geld dafür ausgegeben, diesen ekelhaften Rauch einatmen zu können, das Risiko schlimmer Krankheiten auf mich zu nehmen und mein Leben von diesem scheußlichen Kraut dominieren zu lassen, als für mein Haus. Ich kann so aufrichtig sein und mir das selbst eingestehen. Das ist aber nur möglich, weil mein Gehirn nicht mehr von der Angst gesteuert wird, ohne Zigaretten das Leben nicht genießen, mich nicht konzentrieren oder Stress nicht bewältigen zu können.

**ICH VERZICHTE AUF NICHTS!**

MEIN 324. TAG         DATUM:

Hätten Sie mich, als ich noch Raucher war, gefragt, wie viel ich dafür ausgebe, hätte ich eine mehr als ausweichende Antwort gefunden. Es wären sicher nicht 175 Euro pro Woche oder 25 Euro pro Tag gewesen. Beide Angaben hätten nämlich nur das bestätigt, was ich ohnehin wusste – dass ich ein Idiot war und das Rauchen »aufgeben« sollte. Nein, ich hätte gesagt: »Nur fünf Euro pro Schachtel und das ist es mir wert.« Wie dumm kann man eigentlich sein?

**ICH SCHAFFE DAS!**

DATUM:  MEIN 325. TAG

Wie viel hat Sie Ihre erste Zigarette gekostet? Wie bei allen Formen der Drogenabhängigkeit lautet die übliche Antwort: »Nichts«. Ist es nicht erstaunlich, dass Freunde oder sogar völlig Fremde Ihnen Drogen umsonst anbieten? Meine erste Zigarette hat mich zunächst auch nichts gekostet. Aber wie teuer war sie am Ende wirklich?

## MEINE GEDANKEN FÜR HEUTE:

_____

_____

_____

_____

_____

_____

_____

## ICH BIN AUF DEM RICHTIGEN WEG!

## MEIN 326. TAG          DATUM:

Diese erste Zigarette hat mich schließlich 400.000 Euro gekostet. Hätte ich nie diese erste Zigarette geraucht, hätte ich all die folgenden auch nicht gebraucht. Bereue ich es, das Geld ausgegeben zu haben? Nein. Die 400.000 Euro waren das geringste Opfer, das ich gebracht habe. Hätte ich etwas bedauert, dann die Tatsache, dass ich mich in die Sklaverei begeben hatte, dass ich mich selbst verachtet hatte, weil ich ein Vermögen für einen Zeitvertreib ausgab, den ich schrecklich fand, und dass ich nicht die Willenskraft aufgebracht hatte, mich daraus zu befreien.

**ICH VERZICHTE AUF NICHTS!**

DATUM:   MEIN **327.** TAG

Heute bedaure ich nichts mehr. Mir ist klar, dass ich, ebenso wie Sie, eines der vielen unschuldigen Opfer dieser genialen Falle war. Genau genommen bin ich ziemlich stolz, weil ich der Erste war, der den Mechanismus der Falle wirklich durchschaut hat. Danach war das Entkommen ein Genuss. Ich hoffe, Sie genießen die Befreiung ebenso sehr wie ich es tat.

**ICH KANN NUR GEWINNEN!**

## MEIN 328. TAG   DATUM:

Haben Sie schon ausgerechnet, wie viel Sie jene erste Zigarette bisher gekostet hat? Wozu auch? Besser rechnen Sie aus, wie viel die nächste Zigarette Sie kosten wird. Das ist eine einfache Übung. Nach versicherungsmathematischen Statistiken hat der durchschnittliche Raucher eine Lebenserwartung von 60 Jahren. Wenn Sie 40 sind und eine Packung am Tag rauchen, kostet Sie das noch 36.500 Euro!

**ICH SCHAFFE DAS!**

Das ist schrecklich viel Geld. Gibt es auch nur einen Menschen auf diesem Planeten, der 36.500 Euro für eine einzige Zigarette bezahlen würde? Vielleicht haben Sie ja Glück und werden nur 50 Jahre alt, dann würde Sie diese nächste Zigarette nur 18.000 Euro kosten. Wenn Sie Bill Gates hießen, würde es Ihnen wahrscheinlich nicht viel ausmachen, für eine einzige Zigarette 18.000 Euro auszugeben.

ICH KANN NUR GEWINNEN!

MEIN 330. TAG     DATUM:

Aber nehmen wir einmal an, Sie haben wirklich Pech und werden 100 Jahre alt. Dann kostet Sie die nächste Zigarette an die 120.000 Euro. Vielleicht vermuten Sie nun einen Fehler in meiner Rechnung. Gehe ich nicht davon aus, dass Sie, wenn Sie die nächste Zigarette rauchen, bis ans Ende Ihres Lebens weiterrauchen werden?

ICH SCHAFFE DAS!

DATUM:                    MEIN 331. TAG

Aufgepasst! Wir sprechen nicht darüber, einmal im Jahr Zuckerwatte zu naschen. Wir sprechen von der schlimmsten, zur Abhängigkeit führenden Droge in der westlichen Gesellschaft. Seit wie vielen Jahren rauchen Sie? Besonders raffiniert an dieser Falle ist, dass sie Sie so lange gefangen hält, bis Sie als weiteres Opfer in die Statistik eingehen.

## MEINE GEDANKEN FÜR HEUTE:

---

---

---

---

---

---

---

## ICH BIN AUF DEM RICHTIGEN WEG!

MEIN 332. TAG         DATUM:

Warum glauben Sie, Sie werden morgen aufhören, wenn Sie heute nicht wollen? Vielleicht denken Sie, es ist nicht der optimale Zeitpunkt. Vielleicht befinden Sie sich gerade in einer besonders stressigen Situation, es steht ein besonderer Anlass an, wie Urlaub, Weihnachten oder eine Hochzeit?

ICH VERZICHTE AUF NICHTS!

DATUM:                                          MEIN 333. TAG

Ist das nicht ein weiteres Beispiel dafür, wie raffiniert die Falle angelegt ist? Gibt es nicht andauernd einen besonderen Anlass oder eine besonders stressige Situation, die uns willkommene Ausrede ist, den schlimmen Tag hinauszuschieben? Stellen Sie sich Folgendes vor: Ihr Kind oder ein Elternteil leidet unter einer sich zunehmend verschlimmernden, gefährlichen Krankheit und Sie kennen ein sofort wirksames, billiges und anhaltendes Heilmittel. Würden Sie dem Kranken raten, einen besonderen Anlass abzuwarten, sei es ein geselliges Ereignis oder erhöhter Stress, bis er das Mittel nimmt?

ICH SCHAFFE DAS!

# MEIN 334. TAG   DATUM:

Die Antwort darauf versteht sich von selbst, und wenn Sie noch immer überlegen, liegt das daran, weil Sie Angst haben, ohne Zigaretten auskommen zu müssen. Sie haben den Mut aufgebracht, bis hierher zu lesen und werden nun auf gar keinen Fall mehr abspringen.

## MEINE GEDANKEN FÜR HEUTE:

---

---

---

---

---

---

---

## ICH BIN AUF DEM RICHTIGEN WEG!

DATUM:  MEIN 335. TAG

Zu Beginn habe ich Ihnen drei einfache Anweisungen erteilt. Erstens: Legen Sie jegliche Endzeitstimmung ab. Zweitens: Machen Sie sich im Kopf frei. Drittens: Rauchen Sie so lange weiter bis das Ritual der letzten Zigarette ansteht, und rauchen Sie jede einzelne Zigarette bewusst.

ICH VERZICHTE AUF NICHTS!

MEIN 336. TAG     DATUM:

Wenn Sie es bis hierher durchgehalten haben, diese Anweisungen zu befolgen, wird Ihnen bereits klar sein, dass Sie nicht rauchen, weil Sie sich bewusst dafür entschieden haben. Ist es nicht offensichtlich? Würde ein Raucher rauchen, weil er sich bewusst dazu entschieden hat, könnte er auch ebenso einfach entscheiden, nicht mehr zu rauchen.

ICH KANN NUR GEWINNEN!

DATUM:     MEIN **337.** TAG

Diese ersten drei Anweisungen galten für die vergangenen 11 Monate. Sie sollten Ihnen vor Augen führen, dass Sie nichts »aufgeben« werden, sondern dass es leicht ist, sofort und auf Dauer Nichtraucher zu werden – nachdem Sie die Zigarette ausgedrückt haben, die nicht hoffentlich Ihre letzte sein wird, sondern diejenige, die ganz gewiss Ihre letzte sein wird.

**ICH VERZICHTE AUF NICHTS!**

MEIN 338. TAG          DATUM:

Bald werden Sie von mir neue Anweisungen erhalten, die es Ihnen möglich machen, einfach und auf Dauer aufzuhören – vorausgesetzt Sie halten sich strikt daran.

## MEINE GEDANKEN FÜR HEUTE:

---

## ICH BIN AUF DEM RICHTIGEN WEG!

DATUM:                    MEIN  **339.**  TAG

Wir nähern uns dem Ritual der letzten Zigarette! Sie sind im Begriff, etwas ganz Wunderbares zu schaffen. Stellen Sie sich vor, Sie sind gerade einmal 50 Meter vom Gipfel des Mount Everest entfernt. Das Wetter ist gut, Adrenalin fließt reichlich durch Ihren Körper. Nichts kann Sie davon abhalten, Ihr Ziel zu erreichen.

ICH SCHAFFE DAS!

## MEIN 340. TAG   DATUM:

So wie man sich manchmal nach einem besonders schönen Urlaub ein bisschen deprimiert fühlt, neigen wir auch nach den Feiertagen zu solcher Stimmung. Gleichzeitig schreit die »kleine Bestie« nun nach Futter. Selbst wenn Sie die Willenskraft aufbringen, während der restlichen Ferien abstinent zu bleiben, sind die meisten Ex-Raucher, so fest ihr Vorsatz auch gewesen sein mag, spätestens am ersten Vormittag in der Arbeit wieder auf das Kraut zurückgefallen.

### ICH VERZICHTE AUF NICHTS!

DATUM:  MEIN 341. TAG

Bei meiner Methode ist es nicht wichtig, an welchem Tag Sie aufhören. Oft rate ich Rauchern sogar, genau an dem Tag aufzuhören, an dem es Ihnen am schwierigsten erscheint. Wenn Sie diesen Tag nicht nur überstehen sondern genießen, segeln Sie von da an in ruhigen Gewässern. Ich betone, es ist einfach, mit dem Rauchen aufzuhören. Was meine Methode dazu beiträgt, ist das Beseitigen der Hindernisse, die es schwierig machen. Sie brauchen nichts weiter zu tun, als sich an die Anweisungen zu halten.

ICH KANN NUR GEWINNEN!

MEIN 342. TAG     DATUM:

Das größte Hindernis sind die Zweifel – man hofft, Nichtraucher zu werden und wartet dann ab, ob man es schafft. Sie brauchten mich nicht, um Ihnen zu erklären, dass Raucher Trottel sind. Das ist der ursprüngliche Grund, warum Sie angefangen haben, das Tagebuch zu lesen. Sie brauchen mich, damit ich Ihnen sage, wie einfach es sein kann, indem Sie meine Anweisungen befolgen.

## MEINE GEDANKEN FÜR HEUTE:

---

---

---

---

---

---

## ICH BIN AUF DEM RICHTIGEN WEG!

DATUM:  MEIN **343.** TAG

Nachdem Sie die Entscheidung getroffen haben, von der Sie wissen, dass sie die richtige ist, werden Sie in 22 Tagen um Mitternacht Ihre letzte Zigarette rauchen und feierlich geloben, niemals wieder Verlangen nach einer zu haben, geschweige denn, tatsächlich eine zu rauchen. Absolut wichtig ist es, dabei nicht das Gefühl zu haben, ein Opfer zu bringen, etwas zu verlieren oder auf etwas verzichten zu müssen – etwa nach dem Motto »Jetzt darf ich nie wieder rauchen«. Wichtig ist das Gefühl der Erleichterung, weil Sie dieser düsteren Falle entkommen sind: »Es ist einfach großartig! Ich muss nun nicht mehr an diesem abhängig machenden Gift ersticken!«

ICH SCHAFFE DAS!

MEIN 344. TAG     DATUM:

Seien Sie darauf gefasst, dass Ihre Gedanken in den ersten Tagen um das Thema Rauchen kreisen werden. Das ist aber nur schlecht, wenn Sie eigentlich Raucher bleiben wollen. Aber das wollen Sie nicht! Sie nicht und kein anderer Raucher! Erkennen Sie die Realität: Es passiert nichts Schlimmes, im Gegenteil, es ereignet sich etwas ganz Wunderbares. Endlich haben Sie sich aus der Nikotinfalle befreit.

**ICH KANN NUR GEWINNEN!**

DATUM:  MEIN **345.** TAG

Warten Sie nicht darauf, Nichtraucher zu werden. Sie sind Nichtraucher von dem Moment an, in dem Sie Ihre letzte Zigarette ausdrücken.

**ICH VERZICHTE AUF NICHTS!**

MEIN 346. TAG        DATUM:

Wenn Sie die Entscheidung getroffen haben, von deren Richtigkeit Sie überzeugt sind, dürfen Sie diese niemals mehr in Frage stellen.

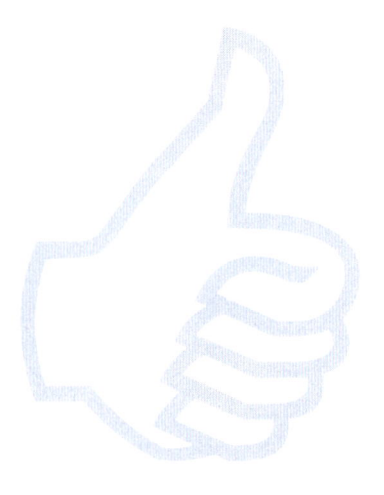

**ICH SCHAFFE DAS!**

DATUM:   MEIN 347. TAG

Vergessen Sie nie: Von dem Moment an, in dem Sie die letzte Zigarette ausdrücken, verbessert sich nicht nur Ihr körperliches Wohlbefinden rapide, sondern auch Ihre Konzentrationsfähigkeit und Ihr Selbstvertrauen steigen.

ICH VERZICHTE AUF NICHTS!

MEIN 348. TAG    DATUM:

Seien Sie nicht überrascht, wenn Sie sich in den nächsten paar Tagen ein bisschen komisch fühlen. Schließlich muss man sich an jede größere Veränderung im Leben erst gewöhnen, auch an die positiven, wie ein größeres Haus, ein neues Auto oder eine besser bezahlte Arbeit. Und wenn Ihnen das Leben ein wenig eigenartig erscheint, denken Sie daran, Sie leiden nicht, weil Sie mit dem Rauchen aufhören, sondern weil Sie damit angefangen haben.

## MEINE GEDANKEN FÜR HEUTE:

―――――――――――――――――――――――――
―――――――――――――――――――――――――
―――――――――――――――――――――――――
―――――――――――――――――――――――――
―――――――――――――――――――――――――

## ICH BIN AUF DEM RICHTIGEN WEG!

DATUM: MEIN **349.** TAG

Vergessen Sie niemals, dass Rauchen weder Ihnen noch irgend einem anderen Raucher einen Vorteil verschafft.

ICH SCHAFFE DAS!

MEIN **350.** TAG    DATUM:

Beneiden Sie niemals andere Raucher. Diese werden Sie beneiden. Das Gras ist bei anderen Rauchern nicht grüner als bei Ihnen, es ist eine vertrocknete, braune Fläche.

ICH KANN NUR GEWINNEN!

Genießen Sie es, gewohnte Denkmuster zu lösen – und wenn Sie dies ganz bewusst tun, wird alles viel schneller vonstatten gehen. Es dauert einige Wochen, bis das Gehirn ein altes Verhaltensmuster ablegt oder sich ein neues aneignet. Eine gewisse Zeit, nachdem Sie mit dem Rauchen aufgehört haben, ist es ganz normal, dass Ihr Gehirn mit gewissen Aktivitäten eine Zigarette verbindet. Doch Sie müssen sich deswegen keine Sorgen machen. Das ist nur eine Programmierung des Unterbewusstseins, die nach einer Weile aufgehoben sein wird.

**ICH VERZICHTE AUF NICHTS!**

MEIN 352. TAG    DATUM:

Akzeptieren Sie, dass gute und schlechte Tage auf Sie zukommen werden. Die guten Tage werden noch besser sein und die schlechten nicht mehr ganz so schlimm. Machen Sie sich an den schlechten Tagen bewusst, dass Sie nun wenigstens kein Raucher mehr sind. Genau wie Raucher gute und schlechte Tage haben, wird es auch Ihnen so ergehen. Aber Ihre guten Tage werden besser sein als zu der Zeit, als Sie noch Raucher waren, und Ihre schlechten Tage werden nicht mehr so schlimm sein.

**ICH KANN NUR GEWINNEN!**

DATUM:  MEIN **353.** TAG

Lesen Sie Ihre persönlichen Aufzeichnungen, warum Sie unter allen Umständen der Nikotinfalle entkommen wollten, oder verwenden Sie Teile daraus als Bildschirmschoner für Ihren Computer.

## MEINE GEDANKEN FÜR HEUTE:

_____

_____

_____

_____

_____

_____

_____

## ICH BIN AUF DEM RICHTIGEN WEG!

MEIN 354. TAG     DATUM:

Arbeiten Sie nicht auf einen »guten Mittelweg« hin, indem Sie sich vornehmen, weniger zu rauchen oder eine bestimmte Menge festzulegen.

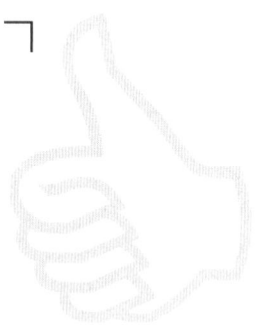

ICH SCHAFFE DAS!

DATUM: MEIN 355. TAG

Hören Sie nicht auf wohlmeinende Ratschläge von Freunden oder Experten, die meinen Anweisungen widersprechen, egal wie beeindruckend diese klingen.

⌋

ICH KANN NUR GEWINNEN!

Mein 356. Tag        Datum:

Versuchen Sie nicht, den Gedanken an das Rauchen zu unterdrücken. Wenn ich sagen würde: »Wenn Sie in den nächsten fünf Sekunden nicht an Mickey Maus denken, gebe ich Ihnen eine Million Euro«, könnten Sie an nichts anderes mehr denken. Also denken Sie, wann immer Ihnen das Rauchen im Kopf herumgeht: »Hurra, ich bin frei!«

**Ich verzichte auf nichts!**

DATUM:  MEIN 357. TAG

Benutzen Sie keine Ersatzstoffe – Sie brauchen keine. Und ändern Sie Ihr Leben nur, weil Sie es ohnehin wollten, nicht weil Sie mit dem Rauchen aufgehört haben.

## MEINE GEDANKEN FÜR HEUTE:

ICH BIN AUF DEM RICHTIGEN WEG!

MEIN 358. TAG        DATUM:

Es ist kein Grund, sich Sorgen zu machen, wenn Sie gelegentlich vergessen, dass Sie aufgehört haben und sich dabei ertappen, nach einer Schachtel zu greifen, die nicht mehr vorhanden ist. Das kann ein kurzes Stechen hervorrufen, aber das ist ein gutes Zeichen, denn es bedeutet, Sie haben einen Moment lang vergessen, dass Sie aufgehört haben. Was wiederum heißt: Das Leben geht weiter, ohne dass man von diesem Kraut abhängig sein muss.

ICH SCHAFFE DAS!

Vor ein paar Jahren musste ich mich bei einem bestimmten Anlass aus dem Autofenster beugen und ertappte mich dabei, dass ich nach der Zigarette greifen wollte, die mir 15 Jahre früher zwischen den Lippen gehangen hätte. Sie denken vielleicht, das bestätigt die Behauptung: »Einmal Raucher, immer Raucher.« Aber im Gegenteil, es war keine unangenehme Erfahrung. Ich dachte: »Vor 15 Jahren hätte ich nicht nur eine Zigarette im Mundwinkel hängen gehabt, sondern es wäre auch noch der Aschenbecher übergequollen und mein Auto hätte nach abgestandenem Zigarettenrauch gestunken!«

ICH KANN NUR GEWINNEN!

MEIN **360.** TAG    DATUM:

Wenn Sie sich an die Anweisungen halten, werden Sie sich in einigen Tagen in einer Situation befinden – vielleicht beim Ausgehen oder in einem besonders stressigen Moment –, von der Sie gedacht hätten, Sie könnten sie ohne Zigarette nicht genießen oder überstehen. Und plötzlich merken Sie, dass Sie die Situation nicht nur genießen oder überstehen konnten, sondern dass Sie nicht einmal daran gedacht haben, sich eine Zigarette anzustecken.

**ICH VERZICHTE AUF NICHTS!**

DATUM:  MEIN 361. TAG

Ich nenne das den Moment der Erleuchtung. Es ist der Moment, in dem Sie feststellen, dass alles, was ich gesagt habe, wahr ist. Dass es nicht nur einfach ist aufzuhören, sondern dass das Leben so viel mehr Freude macht, wenn man sich aus der Sklaverei des Nikotins befreit hat. Doch so wie Sie nicht warten dürfen, Nichtraucher zu werden, dürfen Sie auch nicht auf den Moment der Erleuchtung warten. Sie sind bereits Nichtraucher. Leben Sie einfach.

## MEINE GEDANKEN FÜR HEUTE:

---
---
---
---
---
---

## ICH BIN AUF DEM RICHTIGEN WEG!

MEIN 362. TAG    DATUM:

Gehen Sie Situationen, in denen geraucht wird, oder Einladungen nicht aus dem Weg. Sie haben mit dem Rauchen Schluss gemacht, nicht mit Ihrem Leben. Und Sie haben das Rauchen nicht einmal »aufgegeben«. Und ganz gewiss haben Sie das Leben nicht aufgegeben. Es macht keinen Unterschied, ob Sie in zwei Tagen ruhig zu Hause sitzen oder auf der wichtigsten Party Ihres Lebens sind.

ICH SCHAFFE DAS!

DATUM:  MEIN **363.** TAG

Vielleicht sind Sie in Gesellschaft anderer Raucher, die sich geschworen haben aufzuhören. Oder desillusionierter Raucher, die, wie ich einst, überzeugt sind, es sei unmöglich aufzuhören. Diese werden versuchen, Ihnen den Rauch ins Gesicht zu blasen oder Sie mit einer Zigarette zu überrumpeln, wenn sie glauben, Sie sind gerade nicht auf der Hut. Wenn diese Raucher dann aber sehen, dass es Ihnen überhaupt nichts ausmacht, nicht rauchen zu müssen, sondern dass Sie das Ganze auch noch genießen, werden sie überirdische Kräfte in Ihnen vermuten.

ICH VERZICHTE AUF NICHTS!

MEIN 364. TAG        DATUM:

Vorausgesetzt Sie befolgen alle Anweisungen, werden Sie selbst das Gefühl haben, überirdische Kräfte zu besitzen.

ICH KANN NUR GEWINNEN!

DATUM:  MEIN 365. TAG

Freuen Sie sich auf das Entkommen! Wenn Sie zu viel trinken und bemerken, dass Sie irgendwie ein bisschen durcheinander sind, müssen Sie sich nur in Erinnerung rufen, dass niemand mitansehen möchte, wie seine Kinder oder Eltern in die Nikotinfalle geraten. Sollten Sie also jemals in Versuchung geraten, sei es heute Nacht oder irgendwann in der Zukunft, erinnern Sie sich bewusst daran, was Sie instinktiv sowieso wissen:

**HURRA! ICH BIN NICHTRAUCHER!**

## Easyway-Nichtraucherseminare

Die Nichtraucherseminare nach der Methode von Allen Carr stellen eine ideale Ergänzung dar, wenn Sie das Gefühl haben, zwar alles zu verstehen, aber die Umsetzung Schwierigkeiten bereitet. Sie können ein Seminar auch begleitend besuchen, wenn Sie Ihre Erfolge festigen wollen. Oder alternativ, wenn Sie eine persönliche Betreuung wünschen. Allen Carr´s Easyway Nichtraucherseminare dauern nur einmalig sechs Stunden und beinhalten eine Geld-zurück-Garantie. Sie werden seit 1993 mit sehr großem Erfolg im deutschsprachigen Raum durchgeführt. Ab dem Jahr 2003 werden die Easyway-Seminare vom Bundesverband der Betriebskrankenkassen als Präventionsmaßnahme nach § 20 Abs. 1 SGBV empfohlen. BKK-Versicherte erhalten auf Nachfrage einen Zuschuss zum Seminar von ihrer Kasse.

## Kontaktieren Sie uns

Unverbindliche und kostenlose Informationen über die Seminare, Standorte und Termine erfahren Sie unter den kostenfreien Hotline-Nummern:

**Deutschland:**
**08000-7282436**
R A U C H E N

**Österreich/Schweiz:**
**0800-7282436**
R A U C H E N

**Allen Carr's Easyway Deutschland**
Kirchenweg 41, D-83026 Rosenheim
Tel.: +49/(0)8031/901 90-0
Fax: +49/(0)8031/901 90-90
e-mail: info@allen-carr.de www.allen-carr.de

**Allen Carr's Easyway Österreich**
Triesterstraße 42, A-8724 Spielberg
Tel.: +43/(0)3512/44755
Fax: +43/(0)3512/44755-14
e-mail: info@allen-carr.at, **www.allen-carr.at**

**Allen Carr's Easyway Schweiz**
Schöntalstraße 30, CH-8486 Rikon-Zürich
Tel.: +41/(0)52/3833773
Fax: +41/(0)52/3833774
e-mail: info@allen-carr.ch www.allen-carr.ch

## Leicht und einfach aufhören

Keine „Aversionstherapie", kein NLP, keine Hypnose oder Akupunktur, keine Hilfsmittel wie Nikotinpflaster oder Kaugummis. Wir erzählen Ihnen auch nicht, dass Rauchen gesundheitsschädlich ist oder ein Vermögen kostet – das wissen Sie bereits. Die Allen Carr Methode lässt Sie erkennen, weshalb Sie rauchen, warum es bisher so schwer war, damit aufzuhören und wie Sie ganz einfach für den Rest Ihres Lebens damit Schluss machen können. Jeder Easyway-Trainer hat mit dieser Methode das Rauchen beendet. Nur wer selbst geraucht hat, kann verstehen, was Sie fühlen.

## Ein 6-stündiger Kurs – das war´s?

Für die meisten Teilnehmer reichen tatsächlich diese 6 Stunden, um für immer Nichtraucher zu sein. Und das ohne Entzugserscheinungen. Und sollte es nicht gleich klappen, bieten wir Ihnen zwei kostenlose Aufbauseminare, die Sie zum Ziel führen.

## Geld-zurück-Garantie

Den Betrag, den ein durchschnittlicher Raucher in drei Monaten für Zigaretten ausgibt, investieren Sie in ein Easyway Nichtraucherseminar und Sie sind für immer frei. Sollte es beim ersten Mal nicht klappen, bieten wir Ihnen zwei kostenlose Aufbauseminare. Sollten alle drei Seminare innerhalb von drei Monaten erfolglos sein, bekommen Sie mit unserer Geld-zurück-Garantie Ihre gesamte Kursgebühr zurück. Sie sehen, Sie haben nichts zu verlieren.

| Reicht für die meisten Teilnehmer | Bei Bedarf | Bei Bedarf |
|---|---|---|
| HAUPTKURS | AUFBAUKURS I | AUFBAUKURS II |

Geld-zurück-Garantie

3 Monate

# Drei gute Gründe für Easyway-Nichtraucherseminare

### Anerkannt

In Deutschland wird Easyway vom Bundesverband der Betriebskrankenkassen empfohlen. Über 500 Unternehmen aus dem deutschsprachigen Raum wie IBM, Daimler Chrysler, Henkel, Siemens, Voest Alpine, ÖAMTC uvm. setzen Easyway erfolgreich für die Gesundheit ihrer Mitarbeiter ein.

### Kompetent

Alle Easyway-Trainer waren selbst Raucher und verstehen, was Sie fühlen. Sie haben das Laster am eigenen Leib miterlebt. Das Trainerteam besteht aus erfahrenen Praktikern, darunter Ärzte, Psychologen und Pädagogen. Zusätzlich werden alle Easyway-Trainer intensiv von uns ausgebildet.
Auch nach dem Kurs sind wir für Sie da. Als Seminar-Teilnehmer steht Ihnen unsere Trainerhotline zur Verfügung.

### Erfolgreich

Mehrere Millionen Raucher auf der ganzen Welt haben Easyway bereits kennen gelernt. Der Erfolg der Methode wird inzwischen durch eine umfangreiche wissenschaftliche Studie bestätigt.
Seit 1993 gibt es Easyway auch im deutschsprachigen Raum. Inzwischen finden regelmäßig Kurse in fast jeder größeren Stadt in Deutschland, Österreich und der Schweiz statt.

# GUTSCHEIN

Wenn Sie sich für ein Allen-Carr-Seminar anmelden und bei der Anmeldung unter dem Stichwort „Carr-Leser" folgende Frage richtig beantworten, dann erhalten Sie einen Nachlass von

## EUR 10,-/SFR 20,-

auf den Seminarpreis.

Frage: Welche Nationalität hat Allen Carr?

**Allen Carr's Easyway**
Einfach Nichtraucher

---

## Feedback

Wir freuen uns immer, wenn es wieder ein Raucher geschafft hat, sich aus der Nikotinfalle zu befreien. Sie haben wirklich etwas Großartiges erreicht. Wir würden diese Freude gerne mit Ihnen teilen und ein Feedback von Ihnen erhalten. Senden Sie uns doch bitte unten stehenden Abschnitt an folgende Adresse:

**Allen Carr´s Easyway Deutschland**
**Erich Kellermann**
**Kirchenweg 41**
**D-83026 Rosenheim**

Liebes Allen-Carr-Team,
HURRA, ICH BIN NICHTRAUCHER!

Name:

Adresse:


Bemerkungen:

# ADRESSEN

## ALLEN CARRS EASYWAY INTERNATIONAL

### AUSTRALIEN
Website: www.allencarr.com.au

#### MELBOURNE
*Trudy Ward*
Tel.: 03 9894 8866
Fax: 03 8812 2030
E-Mail: vic@allencarr.com.au

#### SYDNEY
*Natalie Clays*
Tel. & Fax: 1300 785180
E-Mail: nsw@allencarr.com.au

### BELGIEN
Website: www.allencarr.be

#### ANTWERPEN
*Dirk Nielandt*
Tel.: 03 281 6255
Fax: 03 744 0608
E-Mail: easyway@dirknielandt.be

### DÄNEMARK
Website: www.easyway.dk

#### KOPENHAGEN
*Mette Fonss*
Tel.: 519 03 536
E-Mail: mette@easyway.dk

### ECUADOR

#### QUITO
*Ingrid Wittich*
Tel. & Fax: 02 2820 920
E-Mail: toisan@pi.pro.ec

### FRANKREICH
Website: www.allencarr.fr
Freephone: 0800 FUMEUR

#### MARSEILLE
*Eric Serre*
Tel.: 0491 33 54 55
E-Mail: info@allencarr.fr

# ADRESSEN

## KARIBIK, GUADELUPE, ANTILLEN
* Fabiana de Oliveira
Tel.: 05 90 84 95 21
E-Mail: allencaraibes@wanadoo.fr

## GROSSBRITANNIEN
Website: www.allencarrseasyway.com
Helpline: 0906 604 0220
Freephone: 0800 389 2115

## LONDON
* John Dicey, Sue Bolshaw, Sam Carroll, Colleen Dwyer, Crispin Hay, Jenny Rutherford
Tel.: 020 8944 7761
Fax: 020 8944 8619
E-Mail: postmaster@allencarr.demon.co.uk

## BIRMINGHAM
* John Dicey, Colleen Dwyer, Crispin Hay
Tel. & Fax: 0121 423 1227
E-Mail: easywayadmin@tiscali.co.uk

## BOURNEMOUTH & SOUTHHAMPTON
* John Dicey, Colleen Dwyer
Tel. & Fax: 01425 272757

## BRIGHTON
* John Dicey, Colleen Dwyer
Tel.: 0800 028 7257

## BRISTOL & SWINDON
Website: www.easywaybristol.co.uk
Website (bei Gewichtsproblemen): www.evagray.net
* Charles Holdsworth-Hunt
Tel.: 0117 950 1441
E-Mail: stopsmoking@easywaybristol.co.uk

# ADRESSEN

*Eva Gray* (bei Gewichtsproblemen)
Freephone: 0800 804 6796
E-Mail: eva@evagray.net

## BUCKINGHAMSHIRE (HIGH WYCOMBE, OXFORD & AYLESBURY)
Website: www.easywaybucks.co.uk
*Kim Bennett*
Tel.: 0800 0197 017
E-Mail: kim@easywaybucks.co.uk

## EXETER
Website: www.easywayexeter.co.uk
*Charles Holdsworth-Hunt*
Tel.: 0117 950 1441
E-Mail: stopsmoking@easywayexeter.co.uk

## KENT
*Angela Jouanneau*
Tel.: 01622 832 554
E-Mail: easywaykent@yahoo.co.uk

## MANCHESTER
Website: www.easywaymanchester.co.uk
Website (bei Gewichtsproblemen): www.evagray.net
Freephone: 0800 804 6796
*Rob Groves*
E-Mail: stopsmoking@easywaymanchester.co.uk
*Eva Gray*
E-Mail: eva@evagray.net

## NORDIRLAND
Website: www.easywayni.com
*Ciara Orr*
Tel.: 0800 587 5212
E-Mail: ciara@easywayni.com

## NORTH EAST
Website: www.easywaynortheast.co.uk
*Tony Attrill*
Tel. & Fax: 0191 581 0449
E-Mail: info@stopsmoking-uk.net

# ADRESSEN

## READING
🕮 *John Dicey, Colleen Dwyer*
Tel.: 0800 028 7257

## SCHOTTLAND
Website:
www.easywayscotland.co.uk
🕮 *Joe Bergin*
Tel.: 0845 450 1375
E-Mail:
info@easywayscotland.co.uk

## SÜDWALES
## (CARDIFF & SWANSEA)
Website:
www.easywaycardiff.co.uk
🕮 *Charles Holdsworth-Hunt*
Tel.: 0117 950 1441
E-Mail:
stopsmoking@easywaycardiff.co.uk

## STAINES & HEATHROW
🕮 *John Dicey, Colleen Dwyer*
Tel.: 0800 028 7257

## YORKSHIRE
Website:
www.easywayyorkshire.co.uk
Website (bei Gewichtsproblemen):
www.evagray.net
Freephone: 0800 804 6796
🕮 *Rob Groves*
*(bei Gewichtsproblemen)*
E-Mail:
stopsmoking@easywayyorkshire.co.uk
🕮 *Eva Gray*
E-Mail: eva@evagray.net

## IRLAND
Website: www.easyway.ie

## DUBLIN & CORK
🕮 *Brenda Sweeney*
Tel.: 01 494 9010
Fax: 01 495 2757
E-Mail: info@allencarr.ie

# ADRESSEN

## ISLAND

### REYKJAVIK
- *Petur Einarsson*
Tel.: 553 9590
Fax: 588 7060
E-Mail: easyway@easyway.is

## ITALIEN

### MAILAND
Website: www.easywayitalia.com
- *Francesca Cesati*
Tel. & Fax: 02 7060 2438
Mobil: 0348 354 7774
E-Mail: info@easywayitalia.com

## JAPAN
Website: www.allen-carr.jp

### TOKYO
- *Miho Shimada*
Tel.: 0081 3 3507 4020
Fax: 0081 3 3507 4022
E-Mail: info@allen-carr.jp

## KANADA
Website: www.allencarrseasyway.ca
Helpline: 1866 666 4299
- *Nicole Garga*
Tel.: 905 8497736
E-Mail: nicoleg@allencarrseasyway.ca

## KOLUMBIEN
Website: www.esfacildejardefumar.com

### BOGOTA
- *Jose Manuel Duran*
Tel.: 571 2365794
oder 571 5301802
E-Mail: info@esfacildejardefumar.com

## MAURITIUS
Tel.: 00230 727 5103
- *Heidi Houreau*
E-Mail: allencarrmauritius@yahoo.com

# ADRESSEN

## MEXIKO
Website:
www.allencarr-mexico.com
- *Jorge Davo*
Tel.: 05255 2623 0631
E-Mail:
info@allencarr-mexico.com

## NEUSEELAND
Website: www.easywaynz.co.nz

### AUCKLAND
- *Vickie Macrae*
Tel.: 09 626 5390
Mobil: 027 4177077
E-Mail: vickie@easywaynz.co.nz

### CHRISTCHURCH
- *Maria Roe*
Tel.: 021 737810
E-Mail: easyway@allencarr.co.nz

## NIEDERLANDE
Website: www.allencarr.nl

### AMSTERDAM
- *Eveline de Mooij*
Tel.: 020 465 4665
Fax: 020 465 6682
E-Mail: amsterdam@allencarr.nl

### NIJMEGEN
- *Jacqueline van den Bosch*
Tel.: 024 336 03305
E-Mail: nijmegen@allencarr.nl

### ROTTERDAM
- *Kitty van't Hof*
Tel.: 010 244 0709
Fax: 010 244 07 10
E-Mail: rotterdam@allencarr.nl

### UTRECHT
- *Paula Rooduijn*
Tel.: 035 602 94 58
E-Mail: soest@allencarr.nl

# ADRESSEN

## NORWEGEN

Website: www.easyway-norge.no

### OSLO

  Laila Thorsen
Tel.: 22 43 41 00
Fax: 22 43 40 99
E-Mail: post@easyway-norge.no

## POLEN

### WARSCHAU

  Anna Kabat
Tel.: 22 621 36 11
E-Mail: annakabat@hotmail.com

## PORTUGAL

Website:
www.comodeixardefumar.com

### OPORTO

  Ria Slof
Tel.: 22 9958698
E-Mail:
info@comodeixardefumar.com

## SLOWAKEI & TSCHECHIEN

  Leo Baier
E-Mail:
a.baier@easyway-sk-cz.com

## SPANIEN

Website:
www.comodejardefumar.com

### MADRID & BARCELONA

  Geoffrey Molloy,  Rhea Sivi
Tel.: 902 10 28 10
Fax: 942 83 25 84
E-Mail:
easyway@comodejardefumar.com

## SÜDAFRIKA

Website: www.allencarr.co.za
Helpline: 0861 100 200

### KAPSTADT

  Dr. Charles Nel
Tel.: 021 851 5883
Mobil: 083 600 5555
E-Mail: easyway@allencarr.co.za

## ADRESSEN

### PRETORIA
*Dudley Garner*
Tel.: 084 327 9929
E-Mail: info@allencarr.co.za

### TÜRKEI
Website:
www.allencarrturkiye.com
Tel.: 0090 212 3585307
E-Mail:
info@allencarrturkiye.com

### USA
Website: www.allencarrusa.com
Helpline: 1 866 666 4299
E-Mail: info@allencarrusa.com

# Gesundheit schenken mit Allen Carr

16401

16402

Erhältlich überall dort, wo es Bücher gibt.

Mosaik bei GOLDMANN